PAPA FRANCISCO

Pedro Trigo, SJ

PAPA FRANCISCO

EXPRESSÃO ATUALIZADA DO CONCÍLIO VATICANO II

Paulinas

Dados Internacionais de Catalogação na Publicação (CIP)
(Câmara Brasileira do Livro, SP, Brasil)

Trigo, Pedro
Papa Francisco : expressão atualizada do Concílio Vaticano II
/ Pedro Trigo ; [tradução Paulo F. Valério]. -- São Paulo : Paulinas,
2019. -- (Coleção Bispo de Roma)

Título original: El Papa Francisco, expresión actualizada del
Concilio Vaticano II

Bibliografia.
ISBN 978-85-356-4525-5

1. Concílio Vaticano (2. : 1962-1965) 2. Espiritualidade 3. Francisco,
Papa, 1936- 4. Igreja Católica - Doutrinas 5. Religião e sociedade
6. Salvação 7. Teologia dogmática I. Título. II. Série.

19-26558	CDD-262.13

Índice para catálogo sistemático:

1. Francisco, Papa : Atualizador do espírito e da proposta conciliar :
Igreja Católica   262.13

Maria Paula C. Riyuzo - Bibliotecária - CRB-8/7639

Título Original da Obra: El Papa Francisco, expresión actualizada
del Concilio Vaticano II – © Pedro Trigo

1ª edição – 2019

Direção-geral: *Flávia Reginatto*
Editores responsáveis: *Vera Ivanise Bombonatto*
João Décio Passos
Tradução *Paulo F. Valério*
Copidesque: *Ana Cecilia Mari*
Coordenação de revisão: *Marina Mendonça*
Revisão: *Sandra Sinzato*
Gerente de produção: *Felício Calegaro Neto*
Projeto gráfico: *Jéssica Diniz Souza*
Capa e diagramação: *Tiago Filu*
Imagem de capa: *© L'Osservatore Romano*

*Nenhuma parte desta obra poderá ser reproduzida ou transmitida
por qualquer forma e/ou quaisquer meios (eletrônico ou mecânico,
incluindo fotocópia e gravação) ou arquivada em qualquer sistema ou
banco de dados sem permissão escrita da Editora. Direitos reservados.*

Paulinas
Rua Dona Inácia Uchoa, 62
04110-020 – São Paulo – SP (Brasil)
Tel.: (11) 2125-3500
http://www.paulinas.com.br – editora@paulinas.com.br
Telemarketing e SAC: 0800-7010081
© Pia Sociedade Filhas de São Paulo – São Paulo, 2019

Sumário

1. Enfoque deste estudo 7
2. Proposta conciliar 11

  2.1 Encarnação kenótica: salvar o mundo a partir
de dentro e de baixo 11

  2.2 Espaço da salvação: a vida histórica 17

  2.3 A partir de Jesus de Nazaré, que, com sua vida,
revela-nos Deus e o ser humano ao mesmo tempo 18

3. O Papa Francisco, atualizador do espírito
e da proposta conciliar 19

  3.1 Vida carismática: degelo do inverno eclesial 19

  3.2 Uma expressão essencial de sua liberdade carismática,
condição de possibilidade de tudo o que vem fazendo:
não dar por estabelecida nem a imagem do papa
nem seu desempenho concreto 24

  3.3 Não uma figura icônica, pertencente ao âmbito sacral,
mas um ser humano imerso na vida histórica,
encarnado, para transmitir, a partir de dentro,
a humanidade fraterna de Jesus 26

  3.4 Sair, estar em missão, não como um agente, mas como o
que é específico do papa como cristão por antonomásia,
ou seja, como seguidor e, como tal, representante
de Cristo 40

  3.5 De uma Igreja de portas fechadas a uma de portas abertas,
de saída, a caminho, para encontrar-se, para encontrar
Cristo e para entregá-lo 51

3.6 Dentro e embaixo, com relações profundas com os pobres e, consequentemente, acusando esse sistema fetichista que os produz 61

3.7 A lógica da encarnação o leva a inteirar-se dos problemas e a ocupar-se deles na medida em que afetam a humanidade, a partir do paradigma de Jesus 71

3.8 Rumo a uma Igreja pobre dos pobres 132

3.9 Não reforma disciplinar, mas uma verdadeira conversão da cabeça e do corpo eclesial à humanidade que Jesus tornou presente, para que chegue a mudar a instituição a partir de dentro 138

3.10 A partir da situação de minoria, assumida, sem complexo, como desafio cotidiano, como situação de "martírio", de testemunho árduo e alegre 165

3.11 O motor de tudo é o encontro com Jesus de Nazaré e a entrega a ele 173

3.12 Jesus é encontrado nos pobres: eles são a carne de Cristo 184

3.13 Jesus fala-nos nos Evangelhos; precisamos alimentar-nos deles, e eles são o tesouro que temos de passar adiante 195

Enfoque deste estudo

O que vamos expor a seguir não se trata de mero exercício acadêmico. O tema tem muita importância, principalmente para os que pensamos e sentimos que o Concílio Vaticano II foi um verdadeiro Pentecostes, no sentido mais forte da palavra, uma efusão do Espírito de Jesus sobre a Igreja, não somente sobre a hierarquia que o realizou, mas sobre todo o povo de Deus e, em certa medida, sobre o mundo. Esse acontecimento conciliar não foi algo meramente conjuntural, mas tem uma envergadura histórica. É um acontecimento tão profundo, tão essencialmente evangélico, que expressa o desígnio de Deus para muitas gerações.

Contudo, tanto por sua novidade em relação ao que existia como porque o Evangelho é um caminho estreito, no sentido de oculto, para os que vivem no comodismo, e que implica sempre algum tipo de cruz, ele está muito longe de ter sido recebido pela Igreja. Parte da geração dos que o constituíram, bem como parte da dos que crescemos nele (embora tivéssemos sido educados em outra visão cristã bem diferente) e parte da dos que foram introduzidos no Cristianismo posteriormente, não se abriu a suas propostas, aliás, fechou-se expressamente a elas. Hoje, a maioria dos cristãos as desconhece, seja diretamente, porque nunca leram seus documentos, seja indiretamente, porque nunca lhes foi apresentado nem seu conteúdo nem seu espírito como a boa-nova de Deus que estes representam para nosso mundo e nossa Igreja.

Por isso, Deus pede-nos terminantemente que recebamos o Concílio a partir de nossa realidade atual. Em grande medida, aqui está em jogo a fidelidade dos cristãos ao Espírito de Jesus de Nazaré e, portanto, sua fecundidade histórica e, nesse sentido preciso, a importância da Igreja. De fato, se o sal perde o sabor, serve apenas para ser pisado com desprezo pelas pessoas.

Nessa conjuntura tão decisiva, se o Papa Francisco tem assimilado o Concílio a tal ponto que dele flui como o que lhe é mais autêntico, isto é uma boa notícia para a Igreja e também para o mundo. Essa é a hipótese que vamos desenvolver.

O pressuposto pessoal do que direi é que me sinto interpelado pelo papa e creio que, o que sinto, sentem-no muitos outros cristãos que procuram viver sinceramente a partir do santo Evangelho. Não me sinto apenas interpelado. De modo mais profundo, o que Francisco faz e diz me proporciona alegria. Por tudo isso, parece-me que esse falar e esse agir provêm de Deus. Esse discernimento está na base do que direi. Essa é a razão por que escrevo com crescente admiração por essa irrupção de Deus, inesperada para mim.[1] Escrevo com convicção e gratidão ao mesmo tempo.

Nosso modo de proceder será o seguinte: perguntarmo-nos até que ponto o Papa Francisco assimilou o Concílio. Para isso, em primeiro lugar, retrataremos brevemente os eixos estruturadores do Concílio; em seguida, indagaremos amplamente até que ponto são os eixos estruturadores do

---

[1] *Una Iglesia pobre para los pobres. ¿Adónde nos lleva el sueño del papa Francisco?* RLT 90 (setiembre-diciembre 2013) 247-262.

ministério de Francisco e, mais do que isso, de sua espiritualidade.[2]

Essa maneira de proceder pressupõe que se possam determinar com objetividade quais são os eixos em torno dos quais gira o Concílio. Essa pressuposição pareceria posta em dúvida pelos alarmas enviados de quando em vez no passado, a partir do Vaticano, sobre o perigo de interpretar mal o sentido do Concílio.[3] Cremos que houve ênfases unilaterais; no entanto, acreditamos muito mais que o sentido do conjunto não deixa dúvidas não apenas para um investigador imparcial, como também, ainda mais, para quem se tenha aberto desde o começo para o Concílio como acontecimento e como documentos, e tenha procurado honradamente meditar por muito tempo diante de Deus os documentos, a fim de recebê-los a partir da fé da Igreja, vivida em pacífica posse. Começamos, pois, sintetizando o essencial da proposta conciliar.[4]

---

[2] Como o material é inapreensível, utilizaremos principalmente os discursos, mas somente até junho de 2015.

[3] Já assim desde o sínodo de 1985; cf. Trigo, El Sínodo: interpretación del postconcilio desde el concilio-Lectura del concilio desde el postconcilio. In: *La Iglesia venezolana en marcha con el Concilio*. Caracas: Publicaciones ITER, 131-159.

[4] O tema também poderia ser estudado com um enfoque temático: seria preciso juntar as citações que o papa faz do Concílio, tanto as textuais quanto as referenciais, e analisá-las: quais ele escolhe, de que documentos as tira e em quais aspectos se detém, com que frequência cita, seja em relação a outras fontes, seja em relação ao conjunto de seus escritos e alocuções, e com que propósito cita, ou seja, se as citações são meramente comprobatórias, isto é, para confirmar o que ele diz (*dicta probantia*), ou realmente inspiradoras do que diz. Creio que esse trabalho seria frutífero e revelador, além de muito apropriado para uma proposta de um curso ou uma tese de licenciatura, ou para a atenção de um estudioso.

Proposta conciliar

2.1 Encarnação kenótica: salvar o mundo a partir de dentro e de baixo

Consideramos que a proposta mais estrutural e de maior profundidade do Concílio é a de contribuir para a salvação do mundo a partir da encarnação solidária nele. Era evidente que o que se propunha antes do Concílio era o oposto: salvar-se do mundo. O mundo estava perdido, e a salvação consistia em levar as pessoas para o âmbito da Igreja, que era o espaço da salvação. Obviamente, não um lugar absolutamente objetivado de tal maneira que, pelo simples fato de encontrar-se na Igreja, já se estaria salvo; ao contrário: era preciso crer no que a Igreja cria, realizar o que ela propunha e participar personalizadamente de seus ritos e sacramentos sagrados. Assim se pertencia não somente ao corpo visível, mas à alma da Igreja, e se participava da salvação da qual, por condescendência de Deus, a Igreja era portadora. Essa proposta entende a salvação como graça de Deus, inteiramente indevida e imerecida, e fora do alcance humano. Esse era o sentido que se dava à palavra sobrenatural.

Em compensação, a proposta conciliar pressupõe que a revelação de Deus não é revelação de verdades, preceitos e ritos, mas acontecimento histórico: Deus não só criou o mundo e nele a humanidade, mas a criou para encetar um diálogo, sempre livre, embora constante, com ela. O Cristianismo afirma categoricamente que Deus se comprometeu progressivamente nesse diálogo, a ponto de seu Filho único e eterno encarnar-se no mundo. Esse acontecimento único e definitivo implica que, em Jesus de Nazaré, Deus apostou no mundo para sempre. A salvação acontece, pois, a partir do seio da humanidade, na vida histórica, e não no âmbito fechado de uma religião organizada.

O fato de os dirigentes religiosos e políticos o terem rejeitado, deu ensejo para mostrar até onde chegava esse compromisso, porque Jesus não nos abandonou para salvar a própria vida, mas morreu levando-nos a todos em seu coração e pedindo ao Pai perdão para os que o haviam condenado.

A ressurreição significa a aceitação incondicional de Deus daqueles aos quais Jesus ligou sua sorte até morrer como seu irmão. A ressurreição implica que Jesus, desde o seio de Deus, atrai-nos com o peso infinito de sua humanidade, para que possamos revestir-nos desse modo de ser humano (filho e irmão). Nisso consiste seu senhorio. Demais, derramou seu Espírito sobre cada ser humano para que, se obedecermos a seu impulso, possamos ir fazendo, em nossa situação, o equivalente ao que ele fez na dele. Assim, pois, a salvação acontece humanamente, e todos os seres humanos são sujeitos, e não só destinatários dela.

Tanto a atração da humanidade de Jesus como o impulso de seu Espírito são acontecimentos universais e, por si, atemáticos. Expliquemos: Jesus atrai-nos como um corpo celeste atrai o que está em sua órbita. Contudo, em seu caso, não nos atrai por causa de sua massa, mas devido ao peso infinito de sua humanidade. A quem ele atrai? A todos os que estamos em sua órbita, que somos todos os seres humanos.

Atrai-nos a sermos irmãos como ele. Atrai-nos e, assim, nos possibilita ser como ele. Não nos fala, não nos diz seu nome. Destarte, todos os seres humanos somos atraídos por Jesus, independentemente de que o conheçamos ou não. Dado que a fé entra pelo ouvido, isso acontece através de alguém que tenha escutado sua história e acreditado nela, e no-la transmite. O mesmo podemos dizer do Espírito. O Espírito é o que a palavra significa: sopro, alento, ar em movimento. Certamente, não é nada disso, mas essas palavras o evocam. O Espírito move cada um de nós a partir de uma profundidade maior que nossa própria intimidade. Se obedecermos a seu impulso, vamos adquirindo a fisionomia de Jesus, independentemente do que tenhamos ouvido falar dele, porque o Espírito move, não fala.

Por isso a pertinência de caracterizar a Igreja como sacramento dessa salvação. Sacramento quer dizer, antes de mais nada, que a ela foi revelado esse mistério e, além disso, que ela se consagra a que aconteça. Outro modo de dizer a mesma coisa é que é sacramento da unidade do gênero humano, unido, como família de povos, pela vida fraterna das filhas e filhos de Deus, no Filho único e Irmão maior, Cristo Jesus.

De modo que a salvação abarca o ser humano por inteiro e, no desígnio de Deus, todos os seres humanos. Não se refere nem a um aspecto – por exemplo, à salvação da alma – nem a um grupo de seres humanos, os escolhidos, como quer que sejam entendidos. Deus quer que todos os seres humanos se salvem ou, na linguagem de Ezequiel, não quer a morte do pecador, mas que se converta e viva. A salvação cristã consiste em que cheguemos a ser o que somos: por Deus, em Jesus, já somos seus; pois então, o que ele quer é que nos aceitemos como tais e, portanto, ponhamo-nos confiadamente em suas mãos e nos entreguemos a seu desígnio de fazer deste mundo um mundo fraterno.

Para isso, temos de vencer tanto o endeusamento individualista, que não reconhece nenhum laço constituinte e que, por isso, desconhece e utiliza os demais, e assim se degrada a si mesmo, quanto o resignar-se a ser meros membros de conjuntos que aceitam suas regras de jogo e tratam de tirar-lhes o maior proveito possível, sem nenhuma solidariedade de fundo. Precisamos vencer ainda mais a situação de pecado criada pelos endeusados e condensada pelos que se entregam a viver essas regras de jogo, aproveitando-se ao máximo da situação.

Nesse jogo, os principais perdedores são os pobres; ainda mais, a esta altura da história, com o grau de desenvolvimento atual dos meios de produção, pode-se dizer que a existência dos pobres expressa, em todo caso, o pecado do mundo, porque é um subproduto, embora não unicamente, das relações de produção e das relações sociais, que são desumanas. Por isso, a salvação do mundo é, mais concretamente, a dos pobres, porque somente quando eles estiverem bem, todos estarão bem, em todos os aspectos, mas, principalmente, quanto à humanidade qualitativa no sentido preciso de qualidade humana.

A vitória da humanidade não se dá com recurso aos expedientes de sempre, definitivamente, impondo-se à força: o dinheiro, o conhecimento técnico-científico, a organização, as armas. A vitória acontece unicamente no exercício desarmado do que somos: colocando-nos, cada dia, mais confiadamente nas mãos de Deus Pai e exercitando, com crescente denodo, a fraternidade: com os pobres, com os cristãos, com os outros, tanto os desconhecidos quanto os que são considerados adversários. Isso significa vencer o mal à foça do bem.

Portanto, poderíamos deduzir que a palavra encarnação não é adequada para referir-se a nosso seguimento de Jesus e à sua missão. Jesus encarnou-se porque não tinha carne. Fê-lo para partilhar a nossa, nossa condição humana. A palavra encarnação tem sentido aplicada a nós que somos, de saída, carne? Sim, tem, se olharmos sua orientação vital: a encarnação não expressa só e principalmente que Jesus é carne *como* nós, mas precisamente que tem nossa carne para estar *conosco* e partilhar conosco, para conviver e para entregar-se, e também para receber; numa palavra, para instaurar a reciprocidade de dons como a alternativa ao contrato, ao comércio, em que cada um busca seu próprio lucro. Por isso, a encarnação deu a medida do compromisso de Deus conosco, até onde chegava sua solidariedade, ou seja, seu tornar-se corpo com a humanidade. Foi *um* da humanidade, *com* a humanidade, entregue totalmente *à* humanidade.

Não se definiu por nenhum dos grupos dos quais fazia parte, nem sequer por sua família. Definiu-se como nosso irmão, visto que veio para fazer desta humanidade a família de Deus, seu Pai. Portanto, estar encarnado é chegar a definir-nos realmente, não apenas intencionalmente e muito menos ideologicamente, como irmão de todos. Isto é, chegar a ser irmão de todos.

É preciso dizer que essa pretensão é absolutamente desmedida: em nenhum coração humano cabem todos os seres humanos. Não é pouco que aí estejam realmente alguns. É impossível que estejam todos.

Em Jesus de Nazaré, somos irmãos de todos. Pelo fato de estarmos todos em seu coração, nele somos irmãos. Ademais, ele e o Pai enviaram a cada coração humano o Espírito de seu Filho, que pode, sim, dilatar nosso coração para que amemos a todos. Por conseguinte, pelo acontecimento de Jesus, todos podemos ser irmãos e somos chamados a sê-lo. Nisso consiste encarnar-nos na humanidade. Um acontecimento realmente transcendente e supremamente humanizador. Só podemos encarnar-nos como participação na encarnação de Jesus. Não está em nossas mãos. Está, no entanto, se ele nos concede participar de sua encarnação. Esta é a graça das graças que temos de desejar e pedir, e que o Deus e Pai de Nosso Senhor Jesus Cristo nos quer dar. No-la dá dando-nos o Espírito de seu Filho que nos capacita.

Portanto, tão radical como o encontro com Deus e com Jesus é o encontro com os outros. É uma realidade originária, não é apenas consequência de outras decisões. É algo primordial porque, antes que seja percebido como a missão que o Pai me encomenda como participação na missão de Jesus, é uma decisão do próprio coração, se estiver na verdade, se for autêntico, se estiver sadio, em suma, se se deixa mover pelo impulso interior do Espírito.

Se, para alguém, os demais nada significam, se os apagou de seu coração, se acredita não ter com eles vínculos obrigatórios, se "fecha suas entranhas à sua própria carne" (Is 58,7), não é fácil para Deus remediar esse pecado capital. Somente a consciência de que essa situação solipsista é uma miséria, uma terrível desgraça, um fracasso existencial, pode levar tal pessoa a abrir-se pedindo ajuda, a reconhecer-se enferma e recorrer ao médico.

2.2 Espaço da salvação: a vida histórica

Se nisso consiste o conteúdo da salvação, seu espaço não é um âmbito especializado, não é um recinto sagrado como alternativa ao profano, destituído de qualidade salvífica. O âmbito não é outro senão a vida histórica. Cada aspecto da vida deve ser qualificado, a fim de que transpareça essa condição filial e fraterna, levando-se em conta que é uma vida histórica porque tem de ser não apenas sanada, mas reabilitada, libertada e transformada, para que seja boa condutora da filiação e da fraternidade, em vez de negá-la e, portanto, tornar quase heroica sua realização.

A partir desse conteúdo e desse âmbito, a linguagem não pode ser nem a linguagem esotérica (conhecida somente dos iniciados), dos ritos, nem a linguagem formalizada das leis, preceitos e dogmas. A linguagem própria da salvação cristã precisar ser, como a de Jesus, a linguagem da vida. Contudo, não uma linguagem meramente atestatória: não pode limitar-se a dizer o que se diz. A utilização da linguagem comum precisa colocar às claras a boa-nova, ou seja, que neste mundo e nesta história, há lugar para outro modo de viver, que é verdadeiramente humano. Há de ser uma linguagem que diga o que a ordem estabelecida esconde, que se atreva a revelar sua impostura, e que diga hoje e aqui palavras que enunciam a verdadeira humanidade situada e, desse modo, tornam-na verdadeiramente presente; uma linguagem performativa, que faz o que diz ou, dito em termos bíblicos, a linguagem da palavra criadora e recriadora de Deus. De um modo ou de outro, é mister que seja a linguagem das bem-aventuranças e das parábolas.

Pelo que dissemos, fica evidente que os meios da missão cristã encarnada não podem ser os do poder, não podem equivaler nem à publicidade nem à propaganda nem, menos ainda, à imposição por ameaça, como faz a ordem estabelecida. A salvação não pode ser levada a bom termo por uma instituição eficiente, no sentido de uma empresa, por meios institucionais. No melhor dos casos, ou seja, na hipótese negada de que só buscaria o bem dos que ela atende e não, igualmente, seu próprio engrandecimento como instituição, seja como for, privaria seus beneficiários da condição de sujeitos. E já dissemos que o sujeito da salvação são os seres humanos, cada ser humano, como pessoa, isto é, como filho de Deus e como irmão dos pobres, dos cristãos e dos outros.

2.3 A partir de Jesus de Nazaré, que, com sua vida, revela-nos Deus e o ser humano ao mesmo tempo

Tudo o que dissemos, dissemo-lo a partir de Jesus de Nazaré, que nos revela, a um só tempo, quem é Deus e quem somos nós. Revela-nos simultaneamente porque nos revela a relação mútua: Deus revelou-se como nosso Pai e, assim, revelou que somos chamados a ser seus filhos. Não nos revelou o que já existia, mas estava oculto. A revelação é acontecimento: ao tornar-se nosso irmão, o Filho único e eterno de Deus fez-nos participar de sua filiação. Em Jesus se revelou a humanidade de Deus, porque em Jesus habita corporalmente a plenitude da divindade. E o que desse modo se revelou é que Deus é amor, no sentido preciso de que é amor infinito, mas unicamente amor. De maneira que nele cabe todo o poder e unicamente o poder que caiba no amor, ou seja, que lhe seja compatível.

O Papa Francisco, atualizador do espírito e da proposta conciliar

Se isso é o fundamental do Concílio Vaticano II, a pergunta seria se isso é também o essencial do Papa Francisco. Vamos considerar a questão de modo narrativo, visto que não podemos entender como é que o papa possa estar seguindo o roteiro do Concílio, mas sim como é que o tem assimilado, de tal modo que, agindo com autenticidade, é o que brota dele e, por isso, irrompe a seu modo, genuína e não doutrinariamente.

3.1 Vida carismática: degelo do inverno eclesial

O mais englobante de tudo, o ponto em que mais o Papa Francisco encarna o Concílio é que, como seu inspirador, o Papa João XXIII, é um papa tão carismático, que sua vida cria um verdadeiro Pentecostes, como foi a vida do Papa João e como foi o próprio Concílio como acontecimento e irradiação. Jon Sobrino, referindo-se à inspiração, diz que a melhor prova de que os Evangelhos são inspirados é que realmente inspiram. Podemos aplicar esse mesmo critério ao Papa Francisco: a melhor prova de que ele se deixa levar pelo Espírito e vive carismaticamente é que muita gente de indubitável espírito cristão, que vivia com tristeza no inverno eclesial ou que havia deixado de olhar para a instituição eclesiástica por considerá-la opaca, quando não parte da situação de pecado, ou gente de boa vontade que não encontrava nenhum líder inspirador, sentiu-se correspondida e animada, além de desafiada por seus gestos sistemáticos, tão evangélicos, e por suas palavras, tão transparentemente evangélicas. Suas atuações e suas palavras são verdadeiros sinais, no sentido mais denso da palavra, do querer de Deus nessa situação concreta e da presença vivificadora de seu Espírito.

Tem-se falado do papa como o vigário de Cristo, no sentido de sucessor de Pedro, a quem Jesus encarregou de pastorear seu rebanho. Pois bem, na medida do dom recebido, podemos dizer que Francisco, em grau considerável, faz em nossa situação o equivalente ao que Jesus fez na sua. Não, obviamente, o substituindo, mas como humilde seguidor, como pecador chamado, e, por isso, pede a qualquer interlocutor que reze por ele.

A característica do seguimento espiritual de Jesus é a fidelidade criativa ou a criatividade fiel. Assim, creio que esta é a nota que Francisco está emitindo: uma criatividade transbordante, que surpreende constantemente, mas que não é resultado de uma idiossincrasia ou de uma cultura imbuída de realismo mágico, como se diz convencionalmente que é a cultura latino-americana, mas em referência constante a Jesus de Nazaré, a quem se esforça por seguir.

Outra característica do carismático, que o Papa Francisco encarna, é que sua atuação não é fruto de voluntarismo, de uma tensão militante, de um empenho teimoso que finda por endurecer a pessoa, mas de obediência ao impulso do Espírito, que opera a partir de dentro de cada um e a partir do mais dinâmico da realidade, e por isso o carismático não age à maneira do militante: tudo vai acontecendo na cotidianidade, como o que mais convém em cada situação, como se fluísse naturalmente dela como um fruto maduro, embora, no entanto, seja transcendente e fortemente contracultural.

A liderança carismática, no sentido sociológico, como o teorizou Max Weber,[1] tem como característica a capacidade de provocar o contágio de massas: os que escutam o líder se sentem unificados em torno dele, são como um único ser coletivo que se sente representado e expressado pelo líder. Ele é como um diretor de orquestra que consegue que a massa reaja em uníssono, como se fosse uma única pessoa. Desse modo, consegue mobilizações impressionantes. O preço é que rouba a condição de sujeito a cada um, que age por reflexos condicionados, despersonalizadamente.

Jesus não foi assim, posto que Weber a ele se refira de quando em vez. Ele não transmitia frases feitas entusiasmantes; pelo contrário, ele levava a pensar e, por isso, personalizava a massa; por isso os romanos, que vigiavam da torre Antônia os movimentos do Templo, principalmente nas grandes festividades, nunca pensaram que essas concentrações de milhares de pessoas ao redor de Jesus constituíssem um perigo para a segurança pública. Era evidente que as pessoas se personalizavam ao escutá-lo e ao abrir-se a ele. O mesmo ocorre com o Papa Francisco. Ele sempre fala lentamente, em tom pausado, porque pretende que as pessoas sopesem suas palavras, que as conduzam à consciência e ao coração, a fim de que respondam a partir do que lhes é mais autêntico. E o que ele diz não são ordens, mas realidades desveladas e qualificadas a partir da perspectiva do Deus de Jesus. O papa fala com o Espírito de Jesus de Nazaré: na linguagem da vida, a fim de comunicar a boa-nova de que, em Jesus, seu Pai nos

---

[1] *Economía y sociedad*. FCE, México, 1964, I 193-197, 214-217, 356-364; II 847-856.

fez filhos e irmãos, e o que isso implica concretamente para a situação presente, o que se opõe a isso e o que é preciso fazer para mudar.

Contudo, volto a dizer, no que mais se nota o caráter carismático do Papa Francisco é que, de fato, despertou a esperança em muitos que estavam desanimados, como ovelhas sem pastor,[2] e está provocando uma verdadeira primavera espiritual. E o selo da autenticidade desse ar primaveril é que não provoca um encantamento à margem da realidade, mas faz ver a possibilidade de vivê-la de modo alternativo, transformando-a de modo excelente, a fim de que a humanidade possa caber neste mundo do qual parecia expulsa.

Por isso, o resultado não é o engrandecimento da figura do papa, visto que ele insiste que é pecador e confessou publicamente, em diversas ocasiões, seu pecado,[3] mas a

---

[2] Assim diz um jovem muito agradecido: "Santo Padre, antes de mais nada, minha gratidão e a de todos os jovens a quem ouvi durantes estes dias, porque, finalmente, com o senhor, encontramos esta mensagem de esperança que antes nos sentíamos obrigados a encontrar pelo mundo. Poder ouvi-lo agora em nossa casa é algo poderosíssimo para nós. Principalmente, Santo Padre, permita-me dizê-lo, esta luz se acendeu neste lugar em que os jovens começávamos a perder a esperança. De modo que agradeço porque verdadeiramente nos tocou profundamente" (Encontro com os Estudantes de Escolas Jesuítas da Itália e da Albânia, 7 de junho de 2013).

[3] "Em minha experiência de superior na Companhia, se sou sincero, nem sempre me comportei assim, fazendo as consultas necessárias. E isso não foi bom. Meu governo, como jesuíta, no começo, padecia de muitos defeitos. Eram tempos difíceis para a Companhia: havia desaparecido uma geração inteira de jesuítas. Isso fez com que eu fosse provincial ainda muito jovem. Tinha 36 anos: uma loucura. Precisava enfrentar situações difíceis, e eu tomava minhas decisões de maneira brusca e personalista. É verdade, mas devo acrescentar uma coisa: quando confio algo a uma pessoa, acredito plenamente em tal pessoa. Precisa cometer um erro muito grave para que eu a repreenda. Contudo, apesar disso, no final, as pessoas cansam-se do autoritarismo. Minha forma autoritária e rápida de tomar decisões me

levou a ter problemas sérios ao ser acusado de ultraconservador. Tive um momento de grande crise interior quando estava em Córdoba. Certamente não terei sido como a beata Imelda, mas nunca fui de direita. Foi minha forma autoritária de tomar decisões que me criou problemas. Tudo isso que digo é experiência da vida, e expresso-o para insinuar os perigos que existem. Com o tempo, aprendi muitas coisas. O Senhor permitiu esta pedagogia de governo, mesmo que tenha sido através de meus defeitos e de meus pecados". "Isto é o que sou: um pecador para quem o Senhor dirigiu seu olhar... E isto é o que disse quando me perguntaram se aceitava a eleição de pontífice". E murmura: "Peccator sum, sed super misericordia et infinita patientia Domini nostri Jesu Christi confisus et in spiritu penitentiae accepto" [Sou pecador, mas confiado na misericórdia e na paciência infinita de Nosso Senhor Jesus Cristo e em espírito de penitência, aceito] (entrevista ao Papa Francisco, 19 de agosto de 2013). Em Cagliari, falando com os jovens, alude ao momento em que sentiu que Deus o convidava pessoalmente e prossegue: "Depois se passaram muitos anos com alguns acontecimentos de alegria, mas muitos anos de fracasso, de fragilidade, de pecado... 60 anos pelo caminho do Senhor, seguindo-o, junto a ele, sempre com ele. Digo-lhes apenas uma coisa: não me arrependi! Não me arrependi! Por quê? Porque me sinto Tarzan e sou forte para continuar? Não, não me arrependi porque sempre, inclusive nos momentos mais obscuros, nos momentos do pecado, nos momentos da fragilidade, nos momentos do fracasso, olhei para Jesus e confiei nele, e ele não me deixou sozinho" (Encontro com os Jovens, 22 de setembro de 2013). A seminaristas e a noviços confessa: "Desculpem-me, mas é comum: ciúme, invejas, falar mal do outro. Não somente falar mal dos superiores: isto é clássico! Mas quero dizer-lhes que é muito comum, muito comum. Também eu caí nisto. Muitas vezes o disse. E envergonho-me. Envergonho-me disso. Não está correto: sair a murmurar" (Encontro com os Seminaristas, os Noviços e as Noviças, em 6 de julho de 2013). Diz ao diretor dos Exercícios, agradecendo seu serviço: "Peço-lhe que continue a rezar por este 'sindicado de crentes' – todos somos pecadores, mas todos temos vontade de seguir Jesus mais de perto sem perder a esperança na promessa, e também sem perder o sentido do humor" (no final dos Exercícios Espirituais da Quaresma, 14 de março de 2014). "Penso que os erros de minha vida foram e são grandes mestres de vida. Grandes mestres: ensinam muito. Também humilham, porque alguém pode sentir-se um super-homem, uma supermulher, e depois se engana, e isto humilha, mas põe a pessoa no lugar que lhe é próprio. Não diria que aprendi com todos os meus erros; não, creio que não aprendi com alguns porque sou obstinado, e não é fácil aprender. No entanto, aprendi com muitos dos meus erros, e isto me fez bem" (Diálogo com um grupo de jovens da Bélgica, 31 de março de 2014).

interpelação provocada por aquilo que ele propõe, o fato de que, através de seus gestos, tão eloquentes, vão aflorando este outro Cristianismo – que parecia superado –, esse outro modo de ser humano e esse outro mundo possível.

3.2 Uma expressão essencial de sua liberdade carismática, condição de possibilidade de tudo o que vem fazendo: não dar por estabelecida nem a imagem do papa nem seu desempenho concreto

A chave para compreender como o Papa Francisco pôde fazer tantas coisas que pareciam inéditas e que, no entanto, conforme ele as vai realizando, mostram-se profundamente congruentes com o desempenho do papa, consiste em que não deu nada por estabelecido, ou seja, de fato, sem verbalizá-lo, não aceitou a figura do papa que se vinha forjando e que parecia uma figura normativa para quem quer que fosse nomeado papa.

A partir do momento em que foi eleito, Francisco comunicou, com seu comportamento, que não se deixaria modelar pela instituição, que não iria dar por fato consumado o que significava ser papa, isto é, que a cúria vaticana e os especialistas determinariam o que ele deveria fazer em cada caso.[4]

Não fez nenhuma formulação programática, mas foi realizando sistematicamente, com coerência vital.

---

[4] E isso até nas coisas mais simples. Por isso, disse que, no começo, sim, sentia-se prisioneiro; agora, porém, "ruíram-se alguns muros..., não sei...: 'O papa não pode ir...'. Um exemplo, para fazer rir: ia pegar o elevador, mas logo vinha alguém, porque o papa não podia ir sozinho no elevador. 'Você, faça o que tiver de ser feito, que eu desço sozinho'. E pronto. É assim, não? É o normal" (Encontro com os Jornalistas, durante o voo de regresso da Coreia a Roma, em 18 de agosto de 2014).

Tais coisas, uma vez que tenham passado, parecem-nos elementares, inclusive algo que não podia nem deveria ser de outro modo. É óbvio que, nas fontes cristãs, a cúria não aparece; tampouco aparece em algum tratado como pertencente à substância da Igreja. Ela impôs-se de fato e realmente se sacralizou, constituindo-se como o poder permanente por trás do poder, digamos transitório, de cada papa. Por isso, resistiu às tentativas de reforma inspiradas no Vaticano II. Não apresentou nenhum argumento. Simplesmente resistiu, mostrando que ela é quem manda. E continuou a mandar, porque, em resumo, todos acabaram vergando-se a seus ditames. Por isso, a única maneira congruente e eficaz de cortar essa sacralização indébita, que tolhe subjetualidade ao papa, aos bispos e, de modo mais geral, ao povo de Deus, é mudar de prática. E isso simplesmente precisa ser feito. É o que tem acontecido. O Papa Francisco foi agindo sem perguntar, foi dizendo sem pedir opinião. Desse modo, não acabou com a cúria, mas vai reduzindo-a a seu papel auxiliar, meramente auxiliário e não decisório, o que não significa diminuí-la, mas relativizá-la, como deve ser.

Ninguém protestou publicamente, porque não há nenhum argumento a opor. À parte alguns gestos de João XXIII, tal fato não conhece antecedentes e deixa entrever a envergadura histórica dessa eleição e, no fundo, a liberdade evangélica que daí decorre, uma liberdade realmente espiritual, com a qual nem ofende nem teme,[5] mas segue simplesmente seu caminho, um caminho aparentemente espontâneo,

---

[5] "Com liberdade, nem ofendo nem temo" – é o lema de Artigas, o libertador do lado oriental, o atual Uruguai.

porém, na realidade, em obediência ao impulso espiritual, um impulso incessantemente discernido.[6]

3.3 Não uma figura icônica, pertencente ao âmbito sacral, mas um ser humano imerso na vida histórica, encarnado, para transmitir, a partir de dentro, a humanidade fraterna de Jesus

Tornar-se independente da cúria pressupunha continuar sendo o que era e tomar para si as funções de papa a partir de sua própria personalidade, mas, principalmente e em conclusão, a partir do que o Senhor lhe vai pedindo no acontecer histórico do qual faz parte. Essa decisão implicava que ser papa não era assumir um novo tipo de existência,

---

[6] "Deus encontra-se no tempo, nos processos em curso. Não é preciso privilegiar os espaços de poder relativamente aos tempos, mesmo longos, dos processos. Devemos encaminhar processos, mais que ocupar espaços. Deus manifesta-se no tempo e está presente nos processos da história. Isso faz privilegiar as ações que geram dinâmicas novas. E exige paciência, espera". [...] "A nossa vida não nos é dada como um libreto de ópera onde está tudo escrito, mas é ir, caminhar, fazer, procurar, ver... Deve-se entrar na aventura da procura do encontro e do deixar-se procurar e deixar-se encontrar por Deus". (...) "Porque Deus está antes, Deus está sempre antes, Deus antecede. Deus é um pouco como a flor da amendoeira da tua Sicília, Antônio, que floresce sempre antes. Lemo-lo nos profetas. Portanto, encontra-se Deus caminhando, no caminho". [...] "Deus é sempre uma surpresa e, portanto, não sabes nunca onde e como o encontras, não és tu a fixar os tempos e os lugares do encontro com ele. É necessário, portanto, discernir o encontro. Por isso, o discernimento é fundamental. / Se o cristão é restauracionista, legalista, se quer tudo claro e seguro, então não encontra nada. A tradição e a memória do passado devem ajudar-nos a ter a coragem de abrir novos espaços para Deus" (entrevista ao Papa Francisco, 19 de agosto de 2013). Estas palavras são a teoria do que, a observadores desprevenidos, podem ter parecido, nos primeiros dias e ainda nas primeiras semanas, gestos espontâneos, saídos como que por acaso, sem um fio condutor. O papa não se dedicou a ocupar o espaço do papado, já previamente desenhado, mas a provocar processos que tornaram transparente o Evangelho ao fio dos acontecimentos.

assumir uma figura, transfigurar-se no vigário de Cristo. Era tão somente e nada menos do que assumir uma função: a de confirmar os irmãos na fé a partir da função de bispo de Roma. Isso é o que foi fazendo a partir do caminho dessacralizador aberto pela renúncia, verdadeiramente histórica, de Bento XVI.

Desde a veste até os gestos, tudo evidenciou a mudança em relação ao que se supunha que o papa devia ser e fazer. Os sapatos, a cruz peitoral e o anel falavam da continuidade com o que era antes: ser papa não era, portanto, distância e categoria; o pedir a bênção, antes de dá-la, significava que suas relações eram horizontais e mútuas, que ele precisava ser permanentemente ajudado, a fim de ajudar, que a bênção dos outros era o requisito para que pudesse ser bênção para eles. Por isso, porque esse gesto obedece primeiramente a uma atitude enraizada, repetimos, porque nos parece muito significativo, pede sempre e a todos que rezem por ele.[7]

O não se confinar nas dependências papais dizia a todos os que quisessem entendê-lo que ele não desejava isolar-se nesses espaços tidos como sagrados; ainda mais, que, como ser humano, precisa conviver permanentemente para poder ser para os outros.[8] Quantos séculos fazia que um papa

---

[7] Esse gesto está tão arraigado nele que, como sinal de relação pessoal, estendeu-o inclusive a pessoas com as quais teria parecido improcedente, por exemplo, com Raúl Castro, que, como chefe do partido comunista cubano, supõe-se que seja ateu. De fato, quando, depois de despedir-se, já começava a voltar-se para entrar em seu carro, o papa lhe pediu para rezar por ele. Ele ficou absolutamente surpreso, e quando saiu de seu assombro, que paralisou seu gesto, respondeu-lhe, voltando-se para ele e com o indicador apontado para sua pessoa, que ele faria o mesmo, e acrescentou que estava falando a sério. Foi, com efeito, uma relação genuína e, por isso, personalizadora.

[8] "E depois uma coisa para mim verdadeiramente fundamental é a comunidade. Procurava sempre uma comunidade. Eu não me via padre sozinho:

não se recolhia em seus aposentos? Muitíssimos séculos, provavelmente tantos quanto dura a cristandade. Se tivesse sido o líder carismático, essa alternância entre tomar um banho de povo e voltar para a solidão teria sentido; contudo, como se trata de sociabilidade, da respectividade na qual consistimos, qualificada cristãmente como fraternidade, estar com as irmãs e irmãos é o modo normal de estar e, definitivamente, de ser, que não deixa de lado a solidão, mas que não pede tampouco, como acontece com os que se definem como homens públicos, um ou vários anéis de isolamento como modo de proteção de sua segurança, de seu tempo, de sua intimidade, de maneira que só tenha as relações que ele tenha previsto.[9]

Ele entende essa convivência como não delegar coisas que pareceria óbvio deixar nas mãos de outros: desde pagar as contas de despesas que ele havia feito, até tirar o

---

preciso de uma comunidade. É mesmo isso que explica o fato de eu estar aqui em Santa Marta: quando fui eleito, ocupava, por sorteio, o quarto 207. Este onde estamos agora era um quarto de hóspedes. Escolhi ficar aqui, no quarto 201, porque quando tomei posse do apartamento pontifício, dentro de mim senti claramente um 'não'. O apartamento pontifício no palácio apostólico não é luxuoso. É antigo, arranjado com bom gosto e grande, não luxuoso. Mas acaba por ser como um funil ao contrário. É grande e espaçoso, mas a entrada é verdadeiramente estreita. Entra-se a conta-gotas e eu não, sem gente, não posso viver. Preciso de viver a minha vida junto dos outros" (entrevista ao Papa Francisco, 19 de agosto de 2013).

[9] Uma menina pergunta-lhe se ele não perde a paz com tanta gente, e ele responde: "Estar com as pessoas não priva da paz. Sim, há confusão, barulho, movimento. Mas isso não tira a paz. O que tira a paz é o desamor. É isso que priva as pessoas da paz! O que tira a paz é a inveja, o ciúme, a avareza, a pretensão daquilo que pertence aos outros: isso tira a paz. Mas estar com as pessoas é bonito, não tira a paz! É um pouco cansativo, porque já não sou um jovenzinho... Mas não tira a paz!" (Diálogo com as Crianças e Jovens das Escolas Italianas Participantes da Manifestação promovida pela "Fábrica da Paz", 11 de maio de 2015).

passaporte ou telefonar para muitas pessoas.[10] A escolha sistemática da convivência chega a ultrapassar completamente a agenda de um homem público, por exemplo, no tema tão sintomático da segurança: não apenas se quebra constantemente o protocolo, mas, até quando foi ao Rio ou à Coreia – e assim o repetiu em outros lugares –, andou com os vidros abaixados e em um carro, digamos, proletário; de modo que, até mesmo em sua visita à Terra Santa, em meio ao conflito armado, solicitou, como condição, ir sem guarda-costas e confraternizar com as pessoas. Não se trata de uma pessoa temerária, que desafia o perigo, ou de um inconsciente, ou um iluminado, que se julga a salvo dele. É simplesmente um representante de Jesus de Nazaré que considera seu dever segui-lo nesse ponto.

Analisemos o caso do carro porque nos parece significativo. Quando saiu do aeroporto do Rio nesse "mini", fiquei bastante surpreso e contente, e me pus a pensar até que época deveríamos regressar na história da Igreja para encontrar algo equivalente. Sem dúvida, até antes do Concílio de Niceia, quando o imperador Constantino fez com que os bispos fossem trazidos em liteiras senatoriais. Isso diz claramente que, para ele, ser o bispo de Roma não é um status social, no sentido técnico romano, que passou para a instituição eclesiástica, um grau. E não o é porque Deus não é aquele que está mais acima: aquele que coroa as hierarquias

---

[10] "Um outro exemplo destes dias: vi que foi muito referido nos jornais o telefonema que fiz a um rapaz que me tinha escrito uma carta. Telefonei-lhe porque aquela carta era tão bela, tão simples. Para mim, isso foi um ato de fecundidade. Apercebi-me que é um jovem que está crescendo, sentiu em mim um pai, e assim eu disse-lhe alguma coisa sobre a sua vida. Um pai não pode dizer: 'Não tenho nada que ver com isso'. Essa fecundidade faz-me muito bem" (entrevista ao Papa Francisco, 19 de agosto de 2013).

sociais, transcendendo-as absolutamente. Representar Cristo é representar quem disse que não viera para ser servido, mas para servir[11] e dar a vida. Esse caso é representativo, porque é fruto do discernimento: "As minhas escolhas, mesmo aquelas ligadas à vida cotidiana, como usar um automóvel modesto, estão ligadas a um discernimento espiritual que responde a uma exigência que nasce das coisas, das pessoas, da leitura dos sinais dos tempos. O discernimento no Senhor guia-me no meu modo de governar".[12]

Ele está consciente de que ele e todos os que o apoiam em seu serviço no Vaticano não são donos, porque o dono é o Senhor a quem servem, e todos os cristãos, que têm de sentir-se ali como em sua própria casa. Assim, costuma dizer aos encarregados mais próximos: "Perguntemo-nos: de quem é a Casa Pontifícia? Quem é o dono desta Casa? A Casa Pontifícia é de todos os membros da Igreja Católica, que aqui experimentam hospitalidade, afeto familiar e sustentáculo para sua fé. E o verdadeiro dono de casa é o Senhor, de quem todos nós somos discípulos, servidores de seu Evangelho. Isso exige que cultivemos um diálogo constante com ele na oração, que prosperemos em sua amizade e intimidade, e demos testemunho de seu amor misericordioso

---

[11] Francisco, referindo-se aos que servem a imigrantes e refugiados, caracteriza de modo especialmente relevante o que significa servir, uma caracterização que, de fato, é autobiográfica: "Servir significa trabalhar ao lado dos mais necessitados, estabelecer com eles, antes de tudo, relações humanas, de proximidade, vínculos de solidariedade. Solidariedade, esta palavra que assusta o mundo desenvolvido. Procuram não dizê-la. Solidariedade para eles é quase um palavrão. Mas é a nossa palavra! Servir significa reconhecer e acolher os pedidos de justiça, de esperança, e procurar juntos caminhos, percursos concretos de libertação" (visita ao "Centro Astalli" de Roma para a assistência aos refugiados, 10 de setembro de 2013).

[12] Entrevista ao Papa Francisco, 19 de agosto de 2013.

por todos. Levado a cabo com esse espírito, o vosso trabalho pode tornar-se uma ocasião para transmitir a alegria de fazer parte da Igreja".[13]

Francisco apresenta-se sempre como um ser humano entre seres humanos, seus irmãos. Francisco não quer confinar-se nos muros do Vaticano, nem na imagem canonizada do papa. Sabe que, do contrário, não poderia desempenhar sua missão. Contudo, mais fundamentalmente, não quer ser isso. Seu instinto cristão e sua obediência ao Espírito lhe dizem que é indispensável permanecer no seio da história, mais ainda, na cotidianidade, nesse campo do mundo e, definitivamente, de Deus Pai, onde andam juntos, e é bom que assim seja, o trigo e a cizânia.

Trata-se de um ser humano consciente de seus limites. Ser o bispo de Roma não implica, de modo algum, ser habilitado para falar de tudo com competência. Assim o diz a uma jovem, depois de responder às perguntas dela: "Não sei se te ajuda aquilo que eu te disse... pois quando me dirigem perguntas como estas, o perigo – também o perigo para o papa – é julgar que pode responder a todas as questões... Todavia, o único que pode responder a todas as perguntas é o Senhor. A minha função consiste simplesmente em ouvir e em dizer aquilo que me brota de dentro. Mas é demasiado insuficiente, é muito pouco".[14]

---

[13] Discurso do Papa Francisco aos adidos da antecâmara do palácio apostólico e seus familiares, em 16 de janeiro de 2014. Nesse mesmo tom, dirige-se aos dirigentes e agentes do Inspectorado de Segurança Pública no Vaticano, 20 de janeiro de 2014.

[14] Encontro do Papa Francisco com as Comunidades de Vida Cristã (CVX) – Liga Missionária de Estudantes da Itália, 30 de abril de 2015. A um menino que lhe pergunta por que os meninos "deficientes", como ele, sofrem, responde-lhe: "Não há uma resposta! Já um grande escritor russo, Dostoievski,

Nesse aspecto, tão básico, de sua humanidade desnuda, Francisco assemelha-se muito mais a Jesus do que aos papas, pelo menos aqueles a partir do século III. Não é uma figura sacral, colocada no vértice social, mas uma pessoa humana; e, mais precisamente, um pobre de espírito, alguém que está diante de Deus como estão os pobres diante de quem pode torná-los dignos e, portanto, alguém que está diante de si mesmo e diante dos demais com absoluta naturalidade e gratuidade, servindo a partir de baixo, falando e agindo com simplicidade.[15] Por exemplo, que papa, sem avisar previamente, entrou na fila do refeitório dos empregados do Vaticano para pegar sua comida em uma bandeja e sentar-se a uma mesa onde havia um lugar livre e comer com os trabalhadores? Insistimos que não é um ato de captação de benevolência, para tornar-se simpático ou para ganhar ninguém: é um ato próprio e normal, posto que até agora tenha sido inédito, de seu exercício de bispo de Roma e representante de Jesus Cristo.

A câmara captava – para mencionar outro exemplo – os gestos de surpresa e até de incredulidade e, finalmente, de

---

tinha feito esta mesma pergunta: por que motivo as crianças sofrem? *Só podemos elevar os olhos ao céu e esperar respostas que não se encontram.* Não existem respostas para isso, Rafael" (Diálogo com as crianças e jovens das escolas italianas participantes da manifestação promovida pela "Fábrica da Paz", em 11 de maio de 2015).

[15] "Outra lição que a Igreja deve sempre lembrar é que não pode afastar-se da simplicidade; caso contrário, desaprende a linguagem do mistério. E não só ela fica fora da porta do mistério, mas, obviamente, não consegue entrar naqueles que pretendem da Igreja aquilo que não podem dar-se por si mesmos: Deus. Às vezes, perdemos aqueles que não nos entendem, porque desaprendemos a simplicidade, inclusive importando de fora uma racionalidade alheia ao nosso povo. Sem a gramática da simplicidade, a Igreja se priva das condições que tornam possível 'pescar' Deus nas águas profundas do seu mistério" (Encontro com o Episcopado Brasileiro, Rio de Janeiro, 27 de julho de 2013).

alegria transbordante, quando os ciganos começaram a avistar em seu território, quase diríamos em seu gueto, o papa em pessoa, que vinha sem avisar e sem um cordão de guarda-costas nem de monsenhores. Essa presença desarmada e fraterna foi, para eles, nada mais, nada menos do que a humilde e gratificante presença de Jesus de Nazaré.

Por exemplo, em sua viagem à Coreia, reuniu-se com as famílias das vítimas de um barco que afundou e vestiu um adorno de solidariedade. Avisaram-no de que podia ser mal interpretado como um gesto político, e que ele precisava ser neutro, mas ele respondeu que "com a dor humana não se pode ser neutro".[16]

Francisco destaca-se não por seu traje ou por seus gestos majestáticos, não por sua comitiva ou por seu aspecto midiático distinto e elegante, como um *showman* do divino,[17] mas por sua humildade, na qual, obviamente, inclui-se a relação com Deus, integrada à vida, não uma relação que o caracterize como figura sacral e, portanto, separada do resto, dos profanos. Ao contrário, aparece, como Jesus, como uma pessoa humana e que, por isso, faz os seres humanos sentirem-se bem, contribui para que manifestem e exercitem seu lado mais humano.[18]

---

[16] "Quando te encontras face a face com o sofrimento humano, deves fazer aquilo que o teu coração te leva a fazer. Depois vão dizer: 'Fez isso porque tem esta ou aquela intenção política'. Pode-se dizer tudo. Mas, quando tu pensas nesses homens, nestas mulheres, pais e mães que perderam os filhos, os irmãos e as irmãs, quando pensas no sofrimento tão grande de uma catástrofe, não sei como é, mas, no meu coração – eu sou um sacerdote –, sinto que devo aproximar-me!" (Encontro com os Jornalistas, durante o voo de regresso da Coreia a Roma, em 18 de agosto de 2014).

[17] Assim o foi, no melhor sentido da palavra, João Paulo II.

[18] Nesse aspecto, assemelha-se a João XXIII.

Digamos que está primordialmente no mundo, claro que como o bispo de Roma, como gosta de denominar-se,[19] e, muito mais, como cristão, entendendo, porém, que viver como cristão é viver humanamente no mundo como Jesus viveu, e não, acima de tudo, pertencer a uma instituição ou ser seu representante, embora o seja e o exerça. Por isso, tampouco é o representante de uma doutrina cuja função é doutrinar. Por isso diz aos bispos poloneses: "Sei que na Polônia ela [a catequese] é frequentada pela maioria dos estudantes, que assim chegam a ter um bom conhecimento das verdades da fé. Contudo, a religião cristã não é uma ciência abstrata, mas um conhecimento existencial de Cristo, uma relação pessoal com Deus que é amor. Talvez seja necessário insistir mais sobre a formação da fé vivida como relação, na qual se experimenta a alegria de ser amado e de poder amar".[20] À ciência abstrata, ao compêndio de verdades, contrapõe o conhecimento existencial, a relação seja com Deus e com Jesus, seja com os demais, uma relação pessoal que acontece na vida. À conferência episcopal italiana, ele diz que veio percebendo a importância de assumir a sensibilidade eclesial, que, para ele, equivale a apropriar-se dos sentimentos de Cristo, entre os quais destaca a concreção, porque, acrescenta, "a caridade de Cristo é concreta".[21]

---

[19] "Hoje é a festa de São Francisco, e escolhi, como bispo de Roma, levar seu nome" (Encontro com as Crianças com Deficiências e os Doentes do Instituto Seráfico, 4 de outubro de 2013). "Desde minha eleição como bispo de Roma" (a uma delegação dos Cavaleiros de Colombo, 10 de outubro de 2013). "Espero contribuir aqui, em Roma, como bispo, para esta proximidade e amizade" (a uma delegação da comunidade judaica de Roma, 11 de outubro de 2013).

[20] Discurso do Papa Francisco aos bispos polacos, em visita *ad limina apostolorum*, 7 de fevereiro de 2014.

[21] Aos participantes na 68ª Assembleia Geral da Conferência Episcopal Italiana, 18 de maio de 2015. Diz a mesma coisa aos jovens em Turim: "O amor é tangível, consiste mais nas obras do que nas palavras. Não é amor dizer

Francisco precisa estar no mundo porque Deus se revela na vida histórica: "Deus revelou-se como história, não como um compêndio de verdades abstratas".[22] Por isso, vivê-la honradamente no seguimento de Cristo é a maneira de encontrar com ele e poder representá-lo: "O Evangelho de Jesus realiza-se na história. O próprio Jesus foi um homem da periferia, daquela Galileia distante dos centros de poder do Império Romano e de Jerusalém. Encontrou pobres, doentes, endemoninhados, pecadores, prostitutas, reunindo à sua volta um pequeno número de discípulos e algumas mulheres que o ouviam e serviam. E a sua palavra foi o início de uma mudança na história, o começo de uma revolução espiritual e humana, a boa-nova de um Senhor morto e ressuscitado por nós. E nós queremos partilhar esse tesouro".[23]

Por isso, encarnar-se não se refere unicamente ao lugar, mas também ao tempo: assumir a humanidade é indissoluvelmente assumir este tempo que nos toca viver, e exclui, portanto, viver de saudades ou conservar um passado reprimido, como viver de utopias e sonhos por não querer enfrentar o presente. Para o Papa Francisco, a aposta na eternidade se faz hoje: "Toda a projeção utópica (para o futuro) ou restauracionista (para o passado) não é do espírito bom. Deus é real e se manifesta no 'hoje'. A sua presença, no passado,

---

apenas: 'Eu amo-te, eu amo todas as pessoas'. Não. O que fazes por amor? O amor dá-se. Pensai que Deus começou a falar de amor quando estabeleceu uma história com o seu povo, quando escolheu o seu povo, fez uma aliança com o seu povo, salvou o seu povo, perdoou tantas vezes — quanta paciência tem Deus! Fez gestos de amor, obras de amor" (Encontro com os Jovens, 21 de junho de 2015).

[22] Entrevista ao Papa Francisco, 19 de agosto de 2013.

[23] Aos participantes no IV Congresso Missionário Nacional, promovido pela Conferência Episcopal Italiana, em 22 de novembro de 2014.

se nos oferece como 'memória' da grande obra da salvação realizada quer em seu povo quer em cada um de nós; no futuro, se nos oferece como 'promessa' e esperança. No passado, Deus esteve presente e deixou sua marca: a memória nos ajuda a encontrá-lo; no futuro, é apenas promessa... e não está nos mil e um 'futuríveis'. O 'hoje' é o que mais se parece com a eternidade; mais ainda: o 'hoje' é uma centelha de eternidade. No 'hoje' se joga a vida eterna".[24]

Por conseguinte, entregar-se ao hoje não equivale a deixar que a vida nos viva, a pensar somente no desfruto e deixar de lado os projetos e as responsabilidades. Viver cristãmente no hoje é incompatível com viver segundo a ordem estabelecida que nos converte em consumidores e nos impede de ser pessoas solidárias. Dirigindo-se aos jovens, diz-lhes: "Na cultura do provisório, do relativo, muitos pregam que o importante é 'curtir' o momento, que não vale a pena comprometer-se por toda a vida, fazer escolhas definitivas, 'para sempre', uma vez que não se sabe o que reserva o amanhã. Em vista disso, peço que vocês sejam revolucionários, eu peço que vocês vão contra a corrente; sim, nisso peço que se rebelem: que se rebelem contra essa cultura do provisório que, no fundo, crê que vocês não são capazes de assumir responsabilidades, crê que vocês não são capazes de amar de verdade. Eu tenho confiança em vocês, jovens, e rezo por vocês. Tenham a coragem de 'ir contra a corrente'. E tenham também a coragem de ser felizes!".[25]

---

[24] Aos bispos responsáveis do Conselho Episcopal Latino-Americano (CELAM), por ocasião da reunião geral de coordenação, em 28 de julho de 2013.

[25] Encontro com os Voluntários da 28ª JMJ, Rio, 28 de julho de 2013; Encontro com os Jovens das Dioceses dos Abruzos e Molise, 5 de julho de 2014. O que mais vai contra a corrente é quando diz aos jovens que sejam castos:

Para Francisco, a eternidade constrói-se na cotidianidade. O modo humano de ser é ser sendo. Nós não podemos fazer um ato que nos totalize, mas podemos, sim, com a ajuda de Deus, renovar dia a dia nossa fidelidade: o exemplo de como explica o para toda a vida que caracteriza o matrimônio cristão é eloquente: "Portanto, como se cura esse medo do 'para sempre'? Cura-se dia após dia, confiando-se ao Senhor Jesus numa vida que se torna um caminho espiritual cotidiano, feito de passos, de pequenos passos, de passos de crescimento comum, feito de compromisso a tornarmo-nos mulheres e homens maduros na fé. Porque, queridos noivos, o 'para sempre' não é apenas um problema de duração! Um matrimônio não é bem-sucedido unicamente quando dura, mas é importante a sua qualidade. Estar juntos e saber amar-se para sempre, eis no que consiste o desafio dos esposos cristãos. [...] Nesse caminho é importante, é sempre necessária a oração. Ele por ela, ela por ele, e ambos juntos. Pedi a Jesus que multiplique o vosso amor. Na oração do Pai-Nosso, nós dizemos: 'O pão nosso de cada dia nos dai hoje'. Os cônjuges podem aprender a rezar com estas palavras: 'Senhor, o amor nosso de cada dia nos dai hoje', porque o amor cotidiano dos esposos é o pão, o verdadeiro pão da alma, o pão que os sustenta a fim de que possam ir em frente".[26]

Somos instados a viver o hoje com fidelidade criativa. O Papa Francisco sublinha que é preciso ler o Evangelho não fora do contexto, mas a partir de hoje; esta é, para ele, uma

---

que não utilizem o outro para o próprio prazer, que não banalizem o amor (Encontro com os Jovens, em 21 de junho de 2015).

[26] Discurso do Papa Francisco aos noivos que se preparam para o Matrimônio, 14 de fevereiro de 2014.

das contribuições fundamentais do Concílio: "O Vaticano II foi uma releitura do Evangelho à luz da cultura contemporânea. Produziu um movimento de renovação que vem simplesmente do próprio Evangelho. Os frutos são enormes. Basta recordar a liturgia. O trabalho da reforma litúrgica foi um serviço ao povo como releitura do Evangelho a partir de uma situação histórica concreta. Sim, existem linhas de hermenêutica de continuidade e de descontinuidade. Todavia, uma coisa é clara: a dinâmica de leitura do Evangelho no hoje, que é própria do Concílio, é absolutamente irreversível".[27]

Portanto, a insistência do papa é que encontramos a Deus comprometendo-nos com o hoje; não, porém, com o hoje absolutizado e cristalizado, com a ordem estabelecida, a fim de vigiá-lo, para reforçar nossos espaços de poder nele, mas, ao contrário, o hoje que se abre à ação humanizadora do Espírito de Deus, que outra coisa não é senão a humanidade de Jesus para transformar o hoje na direção de sua humanidade, mediante processos lentos e custosos: "Existe, de fato, a tentação de procurar Deus no passado ou no futuro. Deus está, certamente, no passado porque está nas pegadas que deixou. E está também no futuro como promessa. Mas o Deus 'concreto', digamos assim, é hoje. Por isso, os queixumes nunca, nunca, nos ajudam a encontrar Deus. As queixas de hoje de como o mundo anda 'bárbaro' acabam por fazer nascer dentro da Igreja desejos de ordem entendidos como pura conservação, defesa. Não. Deus deve ser encontrado no hoje.

"Deus manifesta-se numa revelação histórica, no tempo. O tempo inicia os processos, o espaço cristaliza-os. Deus encontra-se no tempo, nos processos em curso. Não é preciso privilegiar

---

[27] Entrevista ao Papa Francisco, 19 de agosto de 2013.

os espaços de poder relativamente aos tempos, mesmo longos, dos processos. Devemos encaminhar processos, mais que ocupar espaços. Deus manifesta-se no tempo e está presente nos processos da história. Isso faz privilegiar as ações que geram dinâmicas novas. E exige paciência, espera".[28]

O futuro constrói-se a partir do hoje. Foi o que disse aos jovens: "O futuro será melhor ou pior? Não disponho de uma esfera de cristal, como as magas, para ver o futuro. Mas quero dizer-te isto: sabes onde está o futuro? No teu coração, na tua mente e nas tuas mãos. Se te sentires bem, se pensares bem e se com as tuas mãos fizeres progredir esse pensamento positivo e esse sentimento bom, o futuro será melhor. O futuro é dos jovens. Mas atenção, jovens com duas qualidades: jovens com asas e jovens com raízes".[29]

Contudo, esperança não é o mesmo que otimismo. Quando uma jovem lhe confessa que "se torna difícil combinar os valores cristãos que trazemos dentro de nós com os horrores, as dificuldades e as corrupções que nos rodeiam na vida diária", ele responde-lhe com o silêncio de Deus e lhe apresenta os exemplos de Abraão indo sacrificar seu filho, e Jesus a morrer na cruz. Deus finda por responder, mas é preciso suportar seus silêncios e, por isso, conclui: "Não posso enganar-te dizendo: 'Não, tem fé e tudo irá bem, serás feliz, terás boa sorte, terás dinheiro...'. Não, nosso Deus também guarda silêncio. Lembra-te: é o Deus das palavras, o Deus dos gestos e o Deus dos silêncios: deves unir em tua vida estas três coisas. Isso é o que me vem ao pensamento para dizer-te. Desculpa-me. Não tenho outra 'receita'".

---

[28] Ibid.

[29] Videoconferência do Papa Francisco com estudantes da rede de "Scholas" de cinco continentes, 4 de setembro de 2014.

3.4 Sair, estar em missão, não como um agente, mas como o que é específico do papa como cristão por antonomásia, ou seja, como seguidor e, como tal, representante de Cristo

Significa que ele está no mundo como cristão e como ponta de lança da comunidade cristã; no entanto, está voltado para os de fora,[30] fazendo-os perceber que, para um verdadeiro cristão, não há nada que esteja radicalmente fora, porque Jesus Cristo viveu e morreu por todos e em todos

---

[30] "Gostaria de animar toda a comunidade eclesial a ser evangelizadora, a não ter medo de 'sair' de si mesma para anunciar, confiando principalmente na presença misericordiosa de Deus que nos guia" (aos membros do XIII Conselho Ordinário da Secretaria Geral do Sínodo dos Bispos, 13 de junho de 2013). "Sair de nós mesmos: sair de nós mesmos. Sair das nossas comunidades, para ir lá onde os homens e as mulheres vivem, trabalham e sofrem, e anunciar-lhes a misericórdia do Pai que se deu a conhecer aos homens em Jesus Cristo de Nazaré. Anunciar essa graça que nos foi oferecida por Jesus. Se, aos sacerdotes, na Quinta-feira Santa, pedi que sejam pastores com odor das ovelhas, a vós, queridos irmãos e irmãs, digo: sede em toda a parte portadores da Palavra de vida nos nossos bairros, nos lugares de trabalho e em toda a parte onde as pessoas se encontram e desenvolvem relações. Vós deveis sair. Não compreendo as comunidades cristãs fechadas, na paróquia" (Discurso do Papa Francisco aos participantes no Congresso Eclesial da Diocese de Roma, 17 de junho de 2013). "Quero que saiam, quero que a Igreja saia pelas estradas, quero que nos defendamos de tudo o que é mundanismo, imobilismo, nos defendamos do que é comodidade, do que é clericalismo, de tudo aquilo que é viver fechados em nós mesmos" (Encontro com os Jovens Argentinos, na Catedral de São Sebastião, 25 de julho de 2013). "Em vez de ser apenas uma Igreja que acolhe e recebe, tendo as portas abertas, procuramos mesmo ser uma Igreja que encontra novos caminhos, que é capaz de sair de si mesma e ir ao encontro de quem não a frequenta, de quem a abandonou ou lhe é indiferente. Quem a abandonou fê-lo, por vezes, por razões que, se forem bem compreendidas e avaliadas, podem levar a um regresso. Mas é necessário audácia, coragem" (entrevista ao Papa Francisco, 19 de agosto de 2013; aos Participantes da Assembleia Geral do Movimento dos Focolares, 26 de setembro de 2014; aos participantes do IV Congresso Missionário Nacional organizado pela Conferência Episcopal Italiana, 22 de novembro de 2014).

derramou seu Espírito, e todos são filhos de Deus e, portanto, irmãos. Estar voltado para eles é assegurar-lhes de modo concreto essa fraternidade que nada tem de proselitista,[31] que não se faz propaganda, mas que se exerce com simplicidade e verdade, como boa-nova.

Qual é o sentido desta palavra – sair – que ele tanto utiliza, quase como lema? Se estamos encarnados, imersos na humanidade, se vivemos como seres humanos concretos, estamos sempre diante de todos e com todos os seres humanos concretos. Não precisamos sair em busca deles. O deslocamento é meramente físico, espacial, mas o meio é

---

[31] Por isso se queixa de que *"Há pastorais estruturadas com tal dose de distância que são incapazes de atingir o encontro: encontro com Jesus Cristo*, encontro com os irmãos. Desse tipo de pastoral podemos, no máximo, esperar uma dimensão de proselitismo, mas nunca levam a alcançar a inserção nem a pertença eclesiais" (aos bispos responsáveis do Conselho Episcopal Latino-Americano – CELAM), por ocasião da reunião geral de coordenação, 28 de julho de 2013). "Lembrai-vos daquilo que nos disse Bento XVI: 'A Igreja não cresce por proselitismo. Cresce por atração'. E aquilo que atrai é o testemunho" (Discurso do Papa Francisco aos catequistas vindos a Roma em peregrinação por ocasião do Ano da Fé e do Congresso Internacional de Catequese, 27 de setembro de 2013). "A Igreja cresce, mas não porque faz proselitismo: não, não! A Igreja não cresce por proselitismo. A Igreja cresce por atração, a atração do testemunho que cada um de nós oferece ao Povo de Deus" (Encontro com o Clero, os Consagrados e os Membros dos Conselhos Pastorais, em 4 de outubro de 2013). "Neste tempo, temos uma grande tentação na Igreja, que é uma moléstia espiritual: manipular as consciências; uma lavagem teologal do cérebro, que no fim te leva a um encontro com Cristo, mas puramente nominal e não com a Pessoa de Cristo Vivo" (aos participantes na Assembleia Plenária do Pontifício Conselho para as Comunicações Sociais, 21 de setembro de 2013). "Dar testemunho com simplicidade. Porque se tu fores em frente com a tua fé como uma bandeira, como nas cruzadas, para fazer proselitismo, não funcionará. O melhor caminho é o testemunho, mas humilde" (com um grupo de jovens da Bélgica, 31 de março de 2014). Diz a mesma coisa, pausadamente, aos Cursilhos de Cristandade (aos participantes no curso de formação do Movimento dos Cursilhos de Cristandade, em 30 de abril de 2015).

homogêneo: a humanidade.[32] Entretanto, se estamos no particular, se nosso modo de vida é uma instituição ou uma cultura, ou um grupo de referência por afinidade, complacência ou interesses, então, sim, temos de sair, se quisermos viver como irmãos de todos os seres humanos.

A saída é, pois, do particular para o concreto, do que se especifica por alguma nota ou qualificação ao que se especifica por sua humanidade, que não pode ser uma humanidade abstrata – isso seria a ideia de humanidade –, mas que se dá sempre em concreto. Desse modo, o papa pressupõe que corremos o gravíssimo perigo de confinar-nos em nosso grupo de referência, tanto mais se o sacralizamos: os cristãos e, ainda mais, estes que vivem o Cristianismo como eu e comigo. Por isso, pede-nos que saiamos a buscar os que deixamos de fora, seja porque são diferentes, seja porque os consideramos inferiores, seja porque os consideramos ou são considerados inimigos, seja porque são de outra religião, seja porque não têm nenhuma.

Pede que saiamos a buscá-los porque, para um cristão, ninguém pode ficar de fora, pois Jesus de Nazaré nos traz a todos em seu coração e, por isso, todos somos filhos de Deus, pois foi derramado sobre todos o Espírito de filhos que nos torna irmãos. O papa fixa-se de modo detalhado nos que estão fora da ordem estabelecida: "Os pobres são os companheiros de viagem de uma Igreja em saída, porque são os

---

[32] Nesse sentido se refere às religiosas que se levantam bem cedinho, todos os dias, para atender os pobres enfermos, e as caracteriza assim: "As irmãs do hospital, que são 'doutoras em humanidade': quanto temos para aprender dessas consagrações que duram anos!..." (aos participantes no Encontro dos Formadores da Vida Consagrada, promovido pela Congregação para os Institutos de Vida Consagrada e as Sociedades de Vida Apostólica, 11 de abril de 2015).

primeiros que ela encontra. Os pobres são também os vossos evangelizadores, porque vos indicam aquelas periferias nas quais o Evangelho ainda deve ser proclamado e vivido. Sair significa não permanecer indiferente à miséria, à guerra, à violência das nossas cidades, ao abandono dos idosos, ao anonimato de tantas pessoas necessitadas e à distância dos pequeninos. Sair é não tolerar que nas nossas cidades cristãs haja tantas crianças que não sabem fazer o sinal da cruz. Isto é sair. Sair significa ser pacificador, com aquela 'paz' que o Senhor nos doa todos os dias e da qual o mundo tem tanta necessidade. Os missionários nunca renunciam ao sonho da paz, até quando vivem nas dificuldades e perseguições, que hoje voltam a fazer-se sentir com força":[33] os pobres, os que não têm trabalho, os desprezados por pertencerem a uma cultura considerada inferior ou por sua menos-valia física ou moral, os imigrantes do Terceiro Mundo, os considerados pecadores públicos...

Essa ordem de sair tem relevância especial referida aos escritores da *La Civiltà Cattolica* que, como revista oficiosa do Vaticano, tendeu a considerar-se – e, em todo caso, assim continuam a entender os censores da cúria – como

---

[33] Aos participantes do IV Congresso Missionário Nacional, organizado pela Conferência Episcopal Italiana, 22 de novembro de 2014. Se sairmos assim, teremos de assumir as consequências. Por isso, insiste junto aos religiosos latino-americanos: "Deve-se preferir uma Igreja e uma vida religiosa acidentada por sair e travar batalhas que podem ferir a fechar-nos em nós mesmos"./ "Abram portas...! Abram portas! Vocês vão se equivocar, vão fazer bobagem, isso acontece! Talvez até vão receber uma carta da Congregação para a Doutrina [da Fé] dizendo que vocês disseram tal e tal coisa... Mas não se preocupem. Expliquem o que tenham que explicar, mas sigam em frente... Abram portas, façam algo aí onde a vida clama. Prefiro uma Igreja que se equivoca por fazer algo a uma que adoece por ficar fechada..." (audiência à CLAR, 6 de junho de 2013; a uma delegação do Exército da Salvação, 12 de dezembro de 2014).

a que expressa a doutrina oficial, a que demarca, delimita e fixa posições como muros firmíssimos,[34] e não a que estende pontos e estabelece diálogo, um diálogo baseado no humanismo, na humanidade, no qual eles também têm de aprender: "A vossa tarefa principal não consiste em construir muros, mas pontes; em estabelecer um diálogo com todos os homens, inclusive com aqueles que não compartilham a fé cristã, mas 'cultivam os altos valores do espírito humano', e até com 'aqueles que se opõem à Igreja e de várias maneiras a perseguem' (*Gaudium et spes*, 92). São numerosos os assuntos humanos a debater e compartilhar, e no diálogo é sempre possível aproximar-se da verdade, que é dádiva de Deus, e enriquecer-se reciprocamente. Dialogar significa estar persuadidos de que o outro tem algo de bom para dizer; reservar espaço ao seu ponto de vista, à sua opinião, às suas propostas, obviamente sem cair no relativismo".[35]

Sair tem um significado especial em nossas cidades anônimas, individualistas, visto que supõe romper esse paradigma, que é o estabelecido. É o que o papa pede, acima de tudo, aos leigos: "Os fiéis leigos, principalmente, são chamados a sair sem temor, para irem ao encontro dos homens das cidades: nas atividades diárias, no trabalho, como indivíduos ou como famílias, junto com a paróquia ou nos movimentos eclesiais dos quais fazem parte; podem derrubar o muro de anonimato e indiferença que reina indiscutivelmente nas

---

[34] Contra esse doutrinarismo, diz: "Uma visão da doutrina da Igreja como um bloco monolítico a defender sem matizes é errada" (entrevista ao Papa Francisco, 19 de agosto de 2013).

[35] Discurso do Papa Francisco aos membros da comunidade da revista *La Civiltà Cattolica*, 14 de junho de 2013.

cidades. Trata-se de encontrar a coragem de dar o primeiro passo de aproximação dos demais".[36]

"Cada comunidade cristã, cada cristão, está chamado a ter a coragem de alcançar os homens e as mulheres que precisam da luz do Evangelho, no ambiente em que vive. Por isso, a formação humana e cristã dos leigos é um meio importante de contribuir para a obra de evangelização e de desenvolvimento das pessoas, tendo a preocupação de estar sempre 'em saída' rumo às periferias da sociedade."[37]

Por isso, o Papa Francisco, como sai do particular e vive na humanidade, interessa-se por tudo, não, porém, como quem se mete no que não é chamado porque se julga no direito de intervir em todos os âmbitos, com sua autoridade sagrada, mas como exercício desarmado de fraternidade, sempre levando em conta o outro, respeitando-o, fazendo com que sua palavra, escutada ou não, seja ao menos plausível, porque provém não de fora ou do alto, mas do âmbito partilhado da humanidade. Assim falou ao conselho da Europa[38] e ao parlamento europeu, ou ao Congresso dos EUA,

---

[36] Aos participantes na plenária do Conselho Pontifício para os Leigos, 7 de fevereiro de 2015. Aos bispos da Coreia, diz: "Os leigos levaram adiante vossa Igreja durante dois séculos. Ajudai os leigos a tomar consciência dessa responsabilidade. Eles herdaram essa gloriosa história. Primeiro, os leigos: que sejam corajosos como os primeiros!" (à comunidade coreana de Roma, na presença dos bispos da Coreia, 12 de março de 2015). Diz a mesma coisa aos bispos do Japão, recordando que os "cristãos ocultos" na perseguição, que eram leigos, conservaram viva a fé, e hoje também devem propagá-la (aos bispos da Conferência Episcopal do Japão, em visita *ad limina apostolorum*", 20 de março de 2015).

[37] Aos bispos da Conferência Episcopal do Gabão, em visita *ad limina apostolorum*", 20 de abril de 2015.

[38] Discurso ao Conselho da Europa, Estrasburgo, 25 de novembro de 2014.

ou à Assembleia Geral das Nações Unidas, ou à FAO,[39] o corpo diplomático autorizado no Vaticano, ou aos presidentes dos países que visita.[40] Sempre fala com sinceridade, dizendo a verdade, mesmo que possa soar muito duro e, às vezes, até quase intolerável. Apresenta-se sempre com uma verdade saudável, como uma oportunidade de avanço na humanidade para aqueles a quem se dirige; uma proposta que sempre inclui sair a servir aos humilhados e ofendidos como caminho inevitável de humanização.

Sair não para salvar do alto, com consciência de superioridade, mas com consciência de ser pecador: "Ir à prisão significa, antes de tudo, dizer a si mesmo: 'Se eu não estou aqui, como ela, como ele, é por pura graça de Deus!'. Pura graça de Deus! Se nós não caímos nesses erros, se não cometemos esses delitos ou crimes, alguns graves, foi porque o Senhor me segurou pela mão. Não se pode entrar no cárcere com o espírito de 'eu venho aqui para te falar de Deus porque, tem paciência, tu és de uma classe inferior, és um pecador...'. Não, não! Eu sou mais pecador do que tu, e este é o primeiro passo. Na prisão pode-se dizer isso com grande coragem; mas devemos dizê-lo sempre. Quando vamos anunciar Jesus Cristo a pessoas que não o conhecem, ou que levam uma vida que não parece muito moral, devemos pensar que somos mais pecadores do que elas, porque, se nós não caímos naquela situação, foi pela graça de Deus.

---

[39] Visita à sede da FAO em Roma, por ocasião da II Conferência Internacional sobre Nutrição, 20 de novembro de 2014.

[40] Visita oficial ao presidente da República italiana, 14 de novembro de 2015; Encontro com as autoridades do Reino da Jordânia, Amán, 14 de maio de 2014; Encontro com as Autoridades Palestinas, Belém, 25 de maio de 2014; Encontro com as Autoridades, Seul, 14 de agosto de 2014; Encontro com as Autoridades, Ankara, 28 de novembro de 2014.

Trata-se de uma condição indispensável. Nós não podemos ir às periferias sem ter essa consciência".[41]

Para ele, a encarnação consiste nisso,[42] palavra importante para o concílio, sua senha, o que o identifica em relação a outros concílios, muito mais intraeclesiásticos, sua ordem para os cristãos e para toda a humanidade. Ele está encarnado, formando uma carne, um corpo, com todos os seres humanos, e realizando essa pertença solidária de modo criativo,[43] de tal maneira que constantemente cruza fronteiras, derruba barreiras e lança pontes. É por isso que resulta em boa-nova e leva muitas pessoas bem diferentes a

---

[41] Encontro do Papa Francisco com as Comunidades de Vida Cristã (CVX) – Liga Missionária de Estudantes da Itália, 30 de abril de 2015.

[42] "A nós, cristãos, a própria fé dá uma esperança sólida que estimula a discernir a realidade, a viver a proximidade e a solidariedade, porque o próprio Deus entrou na nossa história, fazendo-se homem em Jesus, imergiu-se nas nossas debilidades, tornando-se próximo de todos, mostrando solidariedade concreta, especialmente aos mais pobres e necessitados, abrindo-nos um horizonte infinito e seguro de esperança" (Encontro com o Mundo da Cultura, Cagliari, 22 de setembro de 2013).

[43] Precisamente a isso exorta os representantes da FAO, apresentando o exemplo do bom samaritano: "Cada reforma autêntica consiste em adquirir maior consciência da responsabilidade de cada um, reconhecendo que o nosso próprio destino está vinculado ao dos outros indivíduos. Os homens não são ilhas; somos uma comunidade! Penso naquele episódio do Evangelho, que todos conhecem, onde um samaritano socorre alguém que se encontra em necessidade. E não o faz como um gesto de esmola, nem porque tem dinheiro à disposição, mas sobretudo para se tornar um só com aquele que é por ele socorrido: quer compartilhar a sua sorte. Com efeito, depois de ter deixado um pouco de dinheiro para curar o ferido, avisa que voltará para o encontrar, a fim de se certificar de que foi curado. Não se trata apenas de compaixão, ou talvez de um convite à partilha ou, ainda, do favorecimento de uma reconciliação que vá mais além das adversidades e das oposições. Significa, ao contrário, estar pronto para compartilhar tudo e desejar ser bom samaritano, e não uma pessoa indiferente diante das necessidades de outrem" (aos participantes da 38ª Conferência da Organização das Nações Unidas para a Alimentação e a Agricultura – FAO, 20 de junho de 2013).

perguntar-se por que não fazer a mesma coisa nos ambientes nos quais se desenvolvem. E faz com que também os cristãos comuns se perguntem por que os párocos e, ainda mais, os bispos e os cardeais não fazem o mesmo, por que não são assim. Estamos de acordo, mas alguns, inclusive bastantes, já o são, e se alegram intimamente com que o papa o seja.

Para ele, a encarnação está na base da revolução da ternura que vem praticando e propondo: "Que o olhar misericordioso do Pai nos toque e nos ajude a acolher a nossa pobreza para ir em frente com confiança, comprometendo-nos juntos na 'revolução da ternura' – este é o desafio para vós: fazer a revolução da ternura. Jesus abriu-nos o caminho dessa revolução mediante a sua encarnação".[44]

A partir dessa postura pessoal, insiste na primazia concreta da pessoa humana sobre qualquer outra consideração, e isso não somente para a convivência, mas para as políticas e para o comportamento das corporações mundializadas, dos governos dos países e dos organismos internacionais. Diz, por exemplo, à FAO: "Pessoa e dignidade humana correm o risco de se tornarem uma abstração diante de questões como o uso da força, a guerra, a subalimentação, a marginalização, a violência, a violação das liberdades fundamentais ou a especulação financeira, que neste momento condiciona o preço dos alimentos, tratando-os como qualquer outra mercadoria, esquecendo-se do seu destino primário. A nossa tarefa consiste em voltar a propor, no atual contexto internacional, a pessoa e a dignidade humana, já não como uma simples referência, mas, sobretudo, como pilares sobre os

---

[44] Aos membros da Associação Católica Internacional a Serviço da Juventude Feminina (ACISJF), 18 de abril de 2015.

quais construir regras que sejam compartilhadas e estruturas que, ultrapassando o pragmatismo ou os simples dados técnicos, sejam capazes de eliminar as divisões e preencher as lacunas existentes. Nesse mesmo sentido, é necessário contrastar os interesses econômicos míopes e as lógicas de poder de poucos, que excluem a maioria da população mundial, gerando pobreza e marginalização com efeitos desagregadores na sociedade, assim como se deve combater aquela corrupção que produz privilégios para alguns e injustiças para muitos".[45]

Essa mesma primazia da pessoa, exige-a para a ciência, ou melhor, para os cientistas: "A existência da pessoa humana, à qual vós dedicais a vossa solicitude, representa inclusive o vosso princípio constitutivo; é a vida na sua profundidade insondável que dá origem e acompanha todo o caminho científico; é o milagre da vida que põe sempre em crise qualquer forma de presunção científica, restituindo o primado à maravilha e à beleza. Assim, Cristo, que é a Luz do homem e do mundo, ilumina o caminho para que a ciência seja sempre um saber a serviço da vida. Quando falta esta Luz, quando o saber se esquece do contato com a vida, torna-se estéril. Por isso, convido-vos a manter alto o olhar sobre a sacralidade de cada pessoa humana, a fim de que a ciência permaneça verdadeiramente a serviço do homem, e não o homem a serviço da ciência".[46]

A partir da primazia da pessoa, que é relação, vem sua insistência no encontro e no diálogo: "Quando os líderes dos

---

[45] Aos participantes da 38ª Conferência da Organização das Nações Unidas para a Alimentação e a Agricultura (FAO), 20 de junho de 2013.

[46] Aos participantes do encontro promovido pela Associação Ciência e Vida, 30 de maio de 2015.

diferentes setores me pedem um conselho, a minha resposta é sempre a mesma: diálogo, diálogo, diálogo. A única maneira para uma pessoa, uma família, uma sociedade crescer, a única maneira para fazer avançar a vida dos povos é a cultura do encontro; uma cultura segundo a qual todos têm algo de bom para dar, e todos podem receber em troca algo de bom. O outro tem sempre algo para nos dar, desde que saibamos nos aproximar dele com uma atitude aberta e disponível, sem preconceitos. Esta atitude aberta, disponível e sem preconceitos, eu a definiria como 'humildade social' que é o que favorece o diálogo".[47]

Contudo, para um cristão, a pessoa especifica-se por duas relações: a de filho e a de irmão; elas são, diz o papa, o coração do Evangelho. Por isso, referindo-se ao Papa Celestino V e a São Francisco de Assis, diz que, para eles, confiar na Providência não foi um ato ascético, mas ato profético de viver a partir dessas relações, que são a expressão do amor que transforma o mundo, e que, por isso, propomos a todos: "Eles foram os primeiros a optar por uma vida contra a corrente, escolheram confiar-se à Providência do Pai, não só como ascese pessoal, mas como testemunho profético de uma paternidade e de uma fraternidade, que são a mensagem do Evangelho de Jesus Cristo. (...) profecia de um mundo novo, no qual os bens da terra e do trabalho serão distribuídos igualmente e ninguém será privado do necessário, porque a solidariedade e a partilha são a consequência concreta da fraternidade. [...] é a resposta que vem do Evangelho: o amor

---

[47] Encontro com a Classe Dirigente do Brasil, Rio, 27 de julho de 2013; junto aos bispos coreanos, também insiste em que as comunidades precisam ser lugares de encontro: com o Senhor, de uns com os outros e com os necessitados, especialmente os pobres; aos bispos da Conferência Episcopal da Coreia, em visita *ad limina apostolorum*.

como força de purificação das consciências, força de renovação das relações sociais, força de projeto para uma economia diversa, que põe no centro a pessoa, o trabalho, a família e não o dinheiro e o lucro. [...] este caminho é bom para todos, que deveras nos aproxima da justiça e da paz".[48]

3.5 De uma Igreja de portas fechadas a uma de portas abertas, de saída, a caminho, para encontrar-se, para encontrar Cristo e para entregá-lo

O papa exige essa atitude também para a pastoral. Não podemos ficar trancados em ambientes protegidos, por receio[49] de que a situação de pecado nos contagie; só se permanece em Deus saindo-se a entregá-lo: "Para permanecermos com Deus, é preciso saber sair, não ter medo de sair. [...] Quando nós, cristãos, estamos fechados no nosso grupo, no nosso movimento, na nossa paróquia, no nosso ambiente, permanecemos fechados; e acontece-nos o que sucede a tudo aquilo que está fechado: quando um quarto está fechado, começa cheirar a mofo. E se uma pessoa está fechada naquele quarto, adoece! Quando um cristão está fe-

---

[48] Encontro com os Cidadãos e proclamação do Ano Jubilar Celestiniano, Isernia, 5 de julho de 2014.

[49] "Corremos o risco de nos assustarmos e de nos fecharmos em nós mesmos em atitude de medo e de defesa. E disso surge a tentação da suficiência e do clericalismo, aquele codificar a fé em regras e instruções, como faziam os escribas, os fariseus e os doutores da lei do tempo de Jesus. Teríamos tudo esclarecido, tudo organizado, mas o povo crente em busca continuará a ter fome e sede de Deus. Disse também algumas vezes que a Igreja se parece com um hospital de campo: tantas pessoas feridas que nos pedem proximidade, que pedem a nós o mesmo que pediam a Jesus: proximidade, presença. E com essa atitude dos escribas, dos doutores da lei e dos fariseus, nunca daremos um testemunho de proximidade" (aos participantes do encontro promovido pelo Pontifício Conselho para a Promoção da Nova Evangelização, 19 de setembro de 2014).

chado no seu grupo, na sua paróquia, no seu movimento, está fechado, adoece. Se um cristão sai pelas estradas, vai às periferias, pode acontecer-lhe o mesmo que a qualquer pessoa que anda na estrada: um acidente. Quantas vezes vimos acidentes estradais! Mas eu digo-vos: prefiro mil vezes uma Igreja acidentada a uma Igreja doente!".[50]

O essencial é não se contentar em ter as portas abertas e esperar que as pessoas venham, mas ir ao encontro delas: "Em vez de ser apenas uma Igreja que acolhe e recebe, tendo as portas abertas, procuramos mesmo ser uma Igreja que encontra novos caminhos, que é capaz de sair de si mesma e ir ao encontro de quem não a frequenta, de quem a abandonou ou lhe é indiferente. Quem a abandonou, fê-lo, por vezes, por razões que, se forem bem compreendidas e avaliadas, podem levar a um regresso. Mas é necessário audácia, coragem".[51]

Essa saída é o conteúdo da nova evangelização, e é preciso realizá-la com a convicção de que, como todos os seres humanos, somos imagens de Deus; todos podem perceber Jesus como Evangelho e, além disso, fazemo-lo seguindo o movimento de Jesus de "sair" da comunidade divina para encarnar-se na nossa: "Ir ao encontro do próximo. A nova evangelização é um movimento renovado rumo àqueles que perderam a fé e o sentido profundo da vida. Esse dinamismo faz parte da grande missão de Cristo, de anunciar a vida ao mundo, o amor do Pai pela humanidade. O Filho de Deus 'saiu' da sua condição divina e veio ao nosso encontro. A Igreja encontra-se no interior desse movimento, e cada cristão

---

[50] Aos catequistas vindos a Roma em peregrinação por ocasião do Ano da Fé (Congresso Internacional de Catequese, 27 de setembro de 2013).

[51] Entrevista ao Papa Francisco, 19 de agosto de 2013.

é chamado a ir ao encontro do seu próximo, a dialogar com quantos não pensam como nós, com aqueles que seguem outro credo ou com quantos não têm fé. É preciso encontrar o próximo, porque aquilo que nos irmana é o fato de termos sido todos criados à imagem e semelhança de Deus. Podemos ir ao encontro de todos, sem medo e sem renunciar à nossa pertença".[52] "Ninguém está excluído da esperança da vida, do amor de Deus. A Igreja é enviada a despertar esta esperança em toda a parte, de maneira especial onde ela está asfixiada por condições existenciais difíceis, às vezes desumanas, onde a esperança não respira, onde sufoca. É necessário o oxigênio do Evangelho, do sopro do Espírito de Cristo Ressuscitado, que volta a acendê-la nos corações. A Igreja é a casa cujas portas estão sempre abertas, não somente para que cada um

---

[52] Aos participantes na plenária do Pontifício Conselho para a Promoção da Nova Evangelização, 14 de outubro de 2013. "Sem diálogo, o mundo sufoca. Mas o diálogo só é possível a partir da própria identidade. Não posso fazer de contas que tenho outra identidade para dialogar. Não, não se pode dialogar assim! Eu tenho esta identidade, mas dialogo, porque sou uma pessoa, porque sou um homem, sou uma mulher; o homem e a mulher têm essa possibilidade de dialogar, sem negociar a identidade que lhes é própria. Sem diálogo, o mundo sufoca: por isso, também vós deveis oferecer a vossa contribuição para promover a amizade entre as religiões" (palavras do Papa Francisco durante a visita à Comunidade de Santo Egídio, 15 de junho de 2014; Encontro com os Sacerdotes da Diocese, Caserta, 26 de julho de 2014). No Encontro com os bispos da Ásia (Coreia, Santuário dos Mártires, 17 de agosto de 2014), desenvolve amplamente o tema. Refere-se aos três perigos que debilitam a identidade: o relativismo, o estar na moda e a falsa segurança. Insiste em que "a fé viva em Cristo constitui nossa identidade mais profunda, ou seja, estar enraizados no Senhor" e nos frutos dessa identidade viva. A partir dessa identidade, pede empatia para escutar suas palavras e a comunicação não verbal de suas vidas para chegar a autênticos encontros, baseados na paternidade comum de Deus e na encarnação de Jesus. No encontro com os líderes de outras religiões e outras denominações cristãs (Tirana, 21 de setembro de 2014), insiste na importância de caminhar juntos, cada um com sua identidade, e fazer o bem a todos, considerando-os como irmãos.

possa encontrar acolhimento no seu interior e aí respirar o amor e a esperança, mas também a fim de que possamos sair para levar este amor e esta esperança. O Espírito Santo impele-nos para sairmos do nosso espaço e orienta-nos até às periferias da humanidade."[53]

Contudo, o discípulo missionário que sai a levar Jesus Cristo deve sempre levar em conta que não vai a terreno virgem: antes de ele chegar, Deus já havia chegado: as sementes do Verbo e seu Espírito; por isso, antes de falar, tem de considerar todas as circunstâncias e receber o que o Senhor já havia semeado. Somente a partir daí se pode partir: "Aonde quer que vades, far-vos-á bem pensar que o Espírito de Deus chega sempre antes de nós. [...] O Espírito precede-nos sempre; Deus chega sempre antes de nós! Até nos lugares mais distantes, nas culturas mais diversas, Deus espalha em toda a parte as sementes do seu Verbo. Disso brota a necessidade de uma especial atenção ao contexto cultural no qual vós, famílias, ireis trabalhar: trata-se de um ambiente muitas vezes diferente daquele do qual provindes. Muitos de vós terão dificuldade em aprender a língua local, por vezes difícil, e este esforço é apreciável. Muito mais importante será o vosso compromisso por 'aprender' as culturas que encontrardes, sabendo reconhecer a necessidade do Evangelho que está presente em toda a parte, mas também aquela

---

[53] Aos participantes na plenária do Pontifício Conselho para a Promoção da Nova Evangelização, 14 de outubro de 2013. Diz que a missão dos formadores da vida religiosa é "formar para a paixão do anúncio, formar para aquela paixão do ir a toda a parte, a todas as periferias, para anunciar a todos o amor de Jesus Cristo, sobretudo aos distantes, falar dele aos pequeninos e aos pobres, e deixar-se também evangelizar por eles" (aos participantes no Encontro dos Formadores da Vida Consagrada, promovido pela Congregação para os Institutos de Vida Consagrada e as Sociedades de Vida Apostólica, 11 de abril de 2015).

ação que o Espírito Santo realizou na vida e na história de cada povo".[54]

Para que nos inteiremos dessa situação, o Papa Francisco acredita que mister se faz dar um passo a mais, que é o passar de uma Igreja com as portas fechadas para uma com as portas abertas; agora se trata de ser também uma Igreja a caminho, como Jesus viveu,[55] uma Igreja que evangelize pelo caminho; que os cristãos se convertam em companheiros de caminhos dos seres humanos, principalmente dos que se sentem desencaminhados, de modo mais abrangente, porém, de todos os que caminham, a fim de, no caminho, anunciar-lhes Jesus de Nazaré como se comunica um tesouro encontrado: "Devemos interrogar-nos: somos nós capazes, neste campo também, de levar Cristo, ou melhor, de levar ao encontro de Cristo? De caminhar existencialmente com o peregrino, mas como caminhava Jesus com os peregrinos de Emaús, inflamando o coração, fazendo-lhes encontrar o Senhor? Somos capazes de comunicar o rosto de uma Igreja que seja a 'casa' para todos? Falamos da Igreja com as portas fechadas. Mas aqui se trata de algo mais que uma Igreja com as portas abertas... é algo mais! É tentarmos juntos construir 'casa', construir Igreja, construir 'casa'. Não é Igreja com as portas fechadas, nem Igreja com as portas abertas, mas, sim, em caminho construir Igreja.[...] É preciso saber penetrar no nevoeiro da indiferença, sem se perder; há necessidade de descer mesmo na noite mais escura,

---

[54] Aos representantes do Caminho Neocatecumenal, 1º de fevereiro de 2014.

[55] "Qual é o lugar onde se via Jesus mais frequentemente, onde era possível encontrá-lo com maior facilidade? Pelas estradas. Podia dar a impressão de ser um desabrigado, porque estava sempre a caminhar pelas estradas" (aos párocos da Diocese de Roma, 6 de março de 2014).

sem ser invadido pela escuridão nem se perder; há necessidade de ouvir as ilusões de muitos, sem se deixar seduzir; há necessidade de acolher as desilusões, sem cair na amargura; tocar a desintegração alheia, sem se deixar dissolver e decompor na própria identidade".[56]

Essa escuta das pessoas é indispensável para que a Igreja perceba o que Deus quer e fale com credibilidade; assim o diz em sua alocução às famílias, prévia ao sínodo sobre a família: "Para individuar aquilo que o Senhor pede hoje à sua Igreja, devemos prestar ouvidos às pulsações deste tempo e sentir o 'odor' dos homens de hoje, até ficar impregnados das suas alegrias e esperanças, das suas tristezas e angústias (cf. *Gaudium et spes*, 1). Então saberemos propor, com credibilidade, o Evangelho, a boa-nova sobre a família".[57]

Essa saída, para ser cristã, tem de ter a harmonia entre a proximidade e o encontro: "Duas categorias pastorais surgem da própria originalidade do Evangelho e nos podem também servir de critério para avaliar o modo como vivemos eclesialmente o discipulado missionário: a proximidade e o encontro. Nenhuma das duas é nova, mas constituem a modalidade em que Deus se revelou na história. É o 'Deus próximo' do seu povo, proximidade que atinge o ponto máximo na encarnação. É o Deus que sai ao encontro do seu povo. Na América Latina e no Caribe, existem pastorais 'distantes', pastorais disciplinares que privilegiam os princípios, as condutas, os procedimentos organizacionais... obviamente sem proximidade, sem ternura, nem carinho. Ignora-se a

---

[56] Aos participantes na Assembleia Plenária do Pontifício Conselho para as Comunicações Sociais, 21 de setembro de 2013.

[57] Vigília de oração preparatória para o Sínodo sobre a Família, 4 de outubro de 2014.

'revolução da ternura', que provocou a encarnação do Verbo. Há pastorais estruturadas com tal dose de distância que são incapazes de atingir o encontro:[58] encontro com Jesus Cristo, encontro com os irmãos".[59] Daí sua caracterização do discípulo: "O discípulo de Cristo não é uma pessoa isolada em uma espiritualidade intimista, mas uma pessoa em comunidade para se dar aos outros".[60]

O encontro entre o necessitado e aquele que ajuda tem de levar à relação horizontal e mútua que atinge a construção de um nós: "... que entre vós se confundem os que ajudam com os que são ajudados. Uma atenção que, lentamente, deixa de ser tal para se tornar encontro, abraço [...]. Sois e permaneceis uma comunidade com os pobres".[61]

Um aspecto de sair é sair da própria cultura, concretamente, diz o papa, da cultura eclesiástica que ainda tem matriz rural, e compreender as diversas culturas da cidade a fim

---

[58] Aos bispos responsáveis do Conselho Episcopal Latino-Americano (CELAM), por ocasião da reunião geral de coordenação, em 28 de julho de 2013. Esse encontro vital é, para o Papa Francisco, o caminho indispensável para o reencontro entre cristãos e índios, entre o Cristianismo e o Judaísmo: "...porque se é verdade que é importante aprofundar de ambos os lados a reflexão teológica através do diálogo, também é verdade que existe um *diálogo vital, o da experiência* cotidiana, que não é menos fundamental. Aliás, sem isto, sem uma cultura do encontro verdadeira e concreta, que leve a relacionamentos autênticos, sem preconceitos nem suspeitas, o compromisso no campo intelectual seria de pouca utilidade. Também aqui, como gosto de sublinhar com frequência, o povo de Deus tem uma sua percepção e intui o caminho que Deus lhe pede para percorrer. Neste caso, o caminho da amizade, da proximidade e da fraternidade" (aos responsáveis da comunidade judaica de Roma, 11 de outubro de 2013).

[59] Aos bispos responsáveis do Conselho Episcopal Latino-Americano (CELAM), por ocasião da Reunião Geral de Coordenação, 28 de julho de 2013.

[60] Ibid.

[61] Palavras do Papa Francisco durante a visita à Comunidade de Santo Egídio, 15 de junho de 2014.

de poder evangelizá-las a partir de dentro: "Em uma mesma cidade, existem vários imaginários coletivos que configuram 'diferentes cidades'. Se continuarmos apenas com os parâmetros da 'cultura de sempre', fundamentalmente uma cultura de base rural, o resultado acabará anulando a força do Espírito Santo. Deus está em toda a parte: há que saber descobri-lo para poder anunciá-lo no idioma dessa cultura; e cada realidade, cada idioma tem um ritmo diferente".[62]

O Papa Francisco avisa-nos de que não precisamos ter medo de ir às periferias extremas, visto que, precisamente nelas, Jesus Cristo espera-nos: "Jesus diz: Ide, Eu estou convosco! Nisto está o nosso encanto e a nossa força: se formos, se sairmos para levar o seu Evangelho com amor, com verdadeiro espírito apostólico, com franqueza, ele caminha conosco, precede-nos [...]. Deus sempre nos precede! Quando pensamos que temos de ir para longe, para uma periferia extrema, talvez nos assalte um pouco de medo; mas, na realidade, ele já está lá: Jesus espera-nos no coração daquele irmão, na sua carne ferida, na sua vida oprimida, na sua alma sem fé".[63]

Entretanto, além de encontrar-nos com Cristo no pobre, precisamos também sair para as periferias a fim de oferecer

---

[62] Aos bispos responsáveis do Conselho Episcopal Latino-Americano (CELAM), por ocasião da reunião geral de coordenação, 28 de julho de 2013.

[63] Aos catequistas vindos a Roma, em peregrinação por ocasião do Ano da Fé e do Congresso Internacional de Catequese, 27 de setembro de 2013. Diz o mesmo aos bispos de Moçambique: "Quando tivermos de partir para uma periferia extrema, talvez nos assalte o medo; mas não há motivo! Na realidade, Jesus já está lá; ele espera-nos no coração daquele irmão, na sua carne ferida, na sua vida oprimida, na sua alma sem fé. Jesus está lá naquele irmão. Ele sempre nos precede; sigamo-lo!" (aos bispos da Conferência Episcopal de Moçambique, em visita *ad limina apostoloroum*, 9 de maio de 2015).

o Cristo nos Evangelhos. Não tem sentido pregar a nós mesmos: "Mas, só podemos ir às periferias, se tivermos a Palavra de Deus no nosso coração e se caminharmos com a Igreja, como fez São Francisco. Caso contrário, estamos a anunciar a nós mesmos, e não a Palavra de Deus, e isto não é bom, não beneficia ninguém! Não somos nós que salvamos o mundo: é precisamente o Senhor que o salva!".[64] Por isso, referindo-se a si mesmo, insiste: "Aqui em Assis, aqui perto da Porciúncula, parece que posso ouvir a voz de São Francisco, que nos repete: 'Evangelho, Evangelho!'. E di-lo também a mim, aliás, primeiro a mim: Papa Francisco, sê servo do Evangelho! Se eu não conseguir ser um servidor do Evangelho, a minha vida não terá valor algum!".[65]

Ele reúne tudo isso nas reflexões que faz sobre a pastoral da grande cidade, a partir de sua experiência de Buenos Aires: "Trata-se de uma verdadeira transformação eclesial. E tudo ponderado em chave de missão. Uma mudança de mentalidade: do receber ao sair, do esperar que venham ao ir à sua procura. E para mim, esta é a chave!

"Sair ao encontro de Deus que habita na cidade e nos pobres. Sair para se encontrar, para ouvir, para abençoar, para caminhar com as pessoas. E facilitar o encontro com o Senhor.

"Temos mais facilidade para fazer crescer a fé do que para a ajudar a nascer. [...] temos necessidade de aprender a despertar nos nossos interlocutores a curiosidade e o interesse por Jesus Cristo." Para o papa, o testemunho é crucial: "O testemunho concreto de misericórdia e de ternura, que

---

[64] Encontro com o Clero, os Consagrados e os Membros dos Conselhos Pastorais, 4 de outubro de 2013.

[65] Encontro com os Jovens da Região da Úmbria, 4 de outubro de 2013.

procura estar presente nas periferias existenciais e pobres, incide de forma direta sobre os imaginários sociais, gerando orientação e sentido para a vida urbana.

"Em tudo isso é muito importante o protagonismo dos leigos e dos próprios pobres." Destaca particularmente a religiosidade popular e observa que "a Igreja que está na América Latina e no Caribe, desde há algumas décadas, já se deu conta dessa força religiosa, que deriva principalmente das maiorias pobres.

"Deus continua a falar-nos também hoje, como sempre fez, através dos pobres [...] O desafio é dúplice: ser hospitaleiro em relação aos pobres e aos migrantes — em geral, a cidade não o é, pois rejeita-os! – e valorizar a sua fé."[66]

Jesus é o único que não precisou sair para encarnar-se porque Deus não olha sua criação a partir de fora, mas a cria com sua relação de amor constante, uma relação, sem dúvida, transcendente, mas não porque esteja além de nós, mas porque age a partir de dentro, que é nosso íntimo. Contudo, mesmo assim, encarnar-se implica amar-nos infinitamente, a partir da limitação de um ser cheio de necessidades, dando não do que lhe sobeja, mas enriquecendo-nos com sua pobreza. Se o olhamos a partir da grandeza que atribuímos quase inevitavelmente a Deus, por certo Jesus se esvaziou ao assumir a limitação humana. No entanto, se o vemos a partir do próprio Deus, seremos capazes de ver que a encarnação nos revelou, ao contrário, até onde chega a capacidade de amar de Deus. Contudo, o ser humano Jesus de Nazaré, sim, teve de sair, como todos, de sua família, que era um pedacinho de céu, para fazer da humanidade a única

---

[66] Aos participantes no Congresso Internacional de Pastoral das Grandes Cidades, 27 de novembro de 2014.

família das filhas e filhos de Deus. Por conseguinte, também ele teve de sair para encarnar-se na humanidade.

3.6 Dentro e embaixo, com relações profundas com os pobres e, consequentemente, acusando esse sistema fetichista que os produz

Contudo, encarnar-se em uma situação de pecado tem um preço. É preciso que seja uma encarnação kenótica, necessariamente por baixo.[67] Os de baixo precisam ser não somente a perspectiva a partir da qual tudo se vê, mas os interlocutores mais profundos. Aquele que, ao encarnar-se, é para todos, é, por isso, em primeiro lugar, para os de baixo. Que são, como tanto insiste, não somente nem principalmente os explorados, o que já é muito grave, mas os excluídos, os sobrantes, os descartados, como gosta de dizer.[68]

---

[67] Enquanto houver acima e abaixo, mesmo que a situação não seja de pecado, o enviado de Jesus de Nazaré sempre tem que lançar a sorte com todos, partindo dos que se encontram embaixo. A proveniência de Jesus, que ele jamais abandonou, não foi mera eventualidade, mas foi discernida por ele como o ponto de partida e a perspectiva da missão (Trigo, *Los discernimientos de Jesus*. ITER 63(2014) 46-56. Outra maneira de aludir a esta dialética é entender a catolicidade a partir da periferia: "No contexto deste horizonte, o diálogo entre 'centro' e 'periferias' adquire forma própria, ou seja, a forma evangélica, segundo a lógica de Deus que chega ao centro a partir da periferia e depois volta para a periferia" (à comunidade da Pontifícia Universidade Gregoriana e dos Institutos Consagrados, 10 de abril de 2014).

[68] Não se cansa de falar da sociedade do descarte e, por isso, chama-a de assassina e, mais especificamente, de fetichista, porque sacrifica ao capital, como se fosse um ídolo que vive de vidas humanas, a dos descartados. É, diz, a nova versão do bezerro de ouro: "A crise mundial, que envolve as finanças e a economia, parece evidenciar as suas deformações e, sobretudo, a sua grave carência de perspectiva antropológica, que reduz o homem a uma única das suas exigências: o consumo. Pior ainda, hoje o próprio ser humano é visto como um bem de consumo, que se pode usar e deitar fora. Começamos essa cultura do bota-fora. Essa perversão verifica-se tanto em

nível individual como social; e goza do seu favor!" (aos novos embaixadores do Quirguistão, Antígua e Barbados, Grão-Ducado do Luxemburgo e Botswana, por ocasião da apresentação das Cartas Credenciais, 16 de maio de 2013). "Não pode ser descartado, como nos propõe a 'cultura do descarte'! Não pode ser descartado!" (aos ginecologistas católicos participantes de uma Conferência Mundial organizada pela Federação Internacional das Associações Médicas Católicas, 20 de setembro de 2013). "Para defender este sistema econômico idolátrico chega-se a instaurar a 'cultura do descarte': descartam-se os avós e descartam-se também os jovens. Quanto a nós, devemos dizer 'não' a essa 'cultura do descarte'" (Encontro com os Trabalhadores, Cagliari, 22 de setembro de 2013). "Infelizmente, a sociedade está poluída pela cultura do 'descarte', que se opõe ao acolhimento. E as vítimas da cultura do descarte são precisamente as pessoas mais débeis, mais frágeis" (Encontro com as Crianças com Deficiências e os Doentes do Instituto Seráfico, 4 de outubro de 2013). "Nesta cultura do descarte, o que não serve deita-se fora, para permanecer apenas os que se sentem justos, que se sentem puros, que se sentem limpos" (Encontro com os Pobres e os Presos, Cagliari, 22 de setembro de 2013). "Nós entramos numa cultura do descartável: aquilo que não é útil para esta globalização é descartado. Os idosos, as crianças e os jovens. Mas desse modo descarta-se o futuro de um povo, porque nas crianças, nos jovens e nos idosos está o porvir de um povo" (Diálogo com um grupo de jovens da Bélgica, 31 de março de 2014). "Porque até a sociedade renega os seus filhos! Por exemplo, a praticamente 40% dos jovens italianos, ela não oferece um trabalho. Que significa? 'Não me interesso por ti. Tu és material descartável. Lamento, mas a vida é assim!' Também a sociedade torna órfãos os jovens" (aos participantes do Congresso Pastoral da Diocese de Roma, 16 de junho de 2014); cf. também o Diálogo com os participantes de um seminário internacional sobre a proposta do Papa Francisco na Exortação Apostólica *Evangelii gaudium*: "Por uma economia cada vez mais inclusiva", 12 de julho de 2014; aos participantes do Encontro Mundial dos Diretores de "Scholas Occurrentes", 4 de setembro de 2014; aos bispos da Conferência Episcopal da Costa do Marfim, em visita *"ad limina apostolorum"*, 18 de setembro de 2014; Encontro com os Anciãos, 28 de setembro de 2014; aos participantes do Encontro Mundial de Movimentos Populares, 28 de outubro de 2014; Discurso ao Conselho da Europa, Estrasburgo, 25 de novembro de 2014. "Em todos os conflitos bélicos, por causa das vidas que são deliberadamente espezinhadas por aqueles que detêm a força, se revela o rosto mais emblemático da cultura do descarte. Mas existem formas mais sutis e astutas de rejeição, que alimentam de igual modo a referida cultura"; refere-se aos enfermos, deslocados e refugiados (ao corpo diplomático acreditado junto da Santa Sé, 12 de janeiro de 2015); aos bispos da Conferência Episcopal da Grécia, em

Os que não têm autorização para estar nem tampouco para participar, nem, portanto, recursos para viver, nem, mais fundamentalmente, lugar para ser.

Por isso, desde sua primeira alocução à imprensa, deixou claro seu desejo de que a Igreja fosse uma Igreja pobre para os pobres. Por essa razão, as celebrações mais solenes do ano litúrgico, celebrou-as com esses remanescentes, entre os quais sempre se incluíram pessoas de cultura não ocidental e de religião não cristã.[69] E celebrou-as no lugar onde se encontravam: foi ao encontro delas em tais lugares.[70]

---

visita *"ad limina apostolorum"*, 5 de fevereiro de 2015; aos participantes na plenária do Conselho Pontifício para a Cultura, 7 de fevereiro de 2015; aos representantes da Confederação Italiana de Cooperativas, 28 de fevereiro de 2015; Encontro com a população de Scampia e com várias categorias sociais, Nápoles, 21 de março de 2015; Encontro com os Jovens, Nápoles, 21 de março de 2015. "Nessa situação, somos chamados a reafirmar o 'não' a uma economia do descarte, que pede resignar-se à exclusão dos que vivem na pobreza absoluta" (Encontro com o Mundo do Trabalho, Turim, 21 de junho de 2015). "Foram feitos grandes progressos na medicina e na assistência social, mas difundiu-se também uma cultura do descartável, como consequência de uma crise antropológica que não põe no centro o homem, mas o consumo e os interesses econômicos" (Encontro com os Doentes e Portadores de Necessidades Especiais, Cottolengo, 21 de junho de 2015).

[69] No dia 28 de março de 2013, sua primeira Quinta-feira Santa como papa, quebrando a tradição de realizar a cerimônia em São Pedro, do Vaticano, ou em São João do Latrão, realizou-a em um cárcere para jovens em Roma. Entre os jovens aos quais lavou os pés, encontrava-se uma jovem muçulmana. No dia 17 de abril de 2014, em sua segunda Quinta-feira Santa, lavou os pés de doze portadores de necessidades especiais, entre eles, um muçulmano. Em 2015, lavou os pés de reclusos e, em 2016, foi ao centro de refugiados e lavou os pés de mulheres e homens de diversas religiões.

[70] Quando, na primeira Quinta-feira Santa, um jovem recluso lhe perguntou diante de todos: "Mas por que o senhor veio aqui hoje?", respondeu simplesmente: "É um sentimento que me saiu do coração; senti isto. Onde estão aqueles que talvez mais me ajudarão a ser humilde, a ser um servidor como deve ser um bispo. E tenho pensado, tenho perguntando: 'Onde estão aqueles que ficariam contentes com uma visita?'. E me disseram: 'Casal del

Por isso, em suas viagens apostólicas, jamais falta a visita aos presos, os quais, além do mais, são quase sempre pobres,[71] aos enfermos,[72] também quase sempre pobres, às vezes crianças, às vezes anciãos,[73] a imigrantes e refugiados,[74] como também a dois setores particularmente atingidos pelo sistema e decisivos para uma alternativa humanizadora: os jovens[75]

Marmo, provavelmente'. E quando me disseram isso, vim aqui. Mas simplesmente me saiu do coração. As coisas do coração não têm explicação; apenas saem" (cárcere para menores "Casal del Marmo", em Roma, 28 de março de 2013).

[71] Encontro com Pobres e Presos, Cagliari, 22 de setembro de 2013; visita aos reclusos, ao pessoal do centro penitenciário e a suas famílias, no cárcere de Castrovillari, 21 de junho de 2014, quando insiste na necessidade de que a sociedade e os internos trabalhem juntos pela reabilitação e reinserção; diz a mesma coisa, enfatizando o cultivo da esperança, no Encontro com os Reclusos do Centro Penitenciário (Isernia), 5 de julho de 2014. Visita à penitenciária "Giuseppe Salvia" e almoço com um grupo de detentos, Nápoles, 21 de março de 2015; visita ao Centro de Reabilitação Santa Cruz – Palmasola, Santa Cruz de la Sierra, 10 de julho de 2015.

[72] Encontro com os Doentes e Portadores de Necessidades Especiais, Cottolengo, 21 de junho de 215; visita ao Hospital Geral Pediátrico "Niños de Acosta Ñu", Assunção, 11 de julho de 2015; Encontro com as Crianças com Deficiências e os Doentes do Instituto Seráfico, em 4 de outubro de 2013.

[73] Encontro com os Idosos e Avós, 28 de setembro de 2014.

[74] Saudação aos jovens refugiados assistidos pelos salesianos, Istambul, 30 de novembro de 2014.

[75] Com um grupo de jovens da Bélgica, 31 de março de 2014; com estudantes da rede de "Scholas" de cinco continentes, em 4 de setembro de 2014; Encontro com os Jovens das Dioceses dos Abruzos e Molise, 5 de julho de 2014; Encontro com os Jovens da Ásia, 15 de agosto de 2014; aos jovens da Ação Católica Italiana, 18 de dezembro de 2014; Encontro com os Jovens, Nápoles, 21 de março de 2015; Diálogo com crianças e jovens das Escolas Italianas Participantes da Manifestação organizada por "La Fábrica de la Paz", 11 de maio de 2015; Encontro com os Jovens, Assunção, 12 de julho de 2015; a uma peregrinação de jovens da diocese de Piacenza-Bobbio, 28 de agosto de 2013; Encontro com os Jovens da Úmbria, 4 de outubro de 2013; Encontro com os Jovens, Cagliari, 22 de setembro de 2013.

e as famílias,[76] e também aos trabalhadores,[77] aos movimentos populares[78] e aos que se solidarizam com todos eles.[79]

Entre os descartados, costuma mencionar duas categorias humanas: os jovens e o anciãos.[80] Para o papa, não lhes dar espaço é não só um crime imperdoável como também uma irracionalidade, um modo de uma sociedade empobrecer-se e suicidar-se e, nessa época de mundialização, a humanidade inteira: "Além disso, sucede que os idosos sejam

---

[76] Aos noivos que se preparam para o Matrimônio, 14 de fevereiro de 2014. À Associação Nacional das Famílias Numerosas, 28 de dezembro de 2014.

[77] Aos membros das Associações Cristãs de Trabalhadores Italianos (ACLI), por ocasião do 70º aniversário de sua fundação, 23 de maio de 2015; Encontro com o Mundo do Trabalho, Turim, 21 de junho de 2015.

[78] Aos participantes do Encontro Mundial de Movimentos Populares, 28 de outubro de 2014; participação no II Encontro Mundial dos Movimentos Populares, Santa Cruz de la Sierra, 9 de julho de 2015.

[79] Encontro com as Crianças do Centro de Assistência Betânia e com crianças assistidas por outros centros de caridade da Albânia, Tirana, 21 de setembro de 2014; à Federação de Organismos Cristãos de Serviço Internacional Voluntário (FOCSIV), 4 de dezembro de 2014; aos participantes do encontro, promovido no Vaticano, por ocasião do quinto aniversário do terremoto no Haiti, 10 de janeiro de 2015; aos membros da Associação Católica Internacional de Serviços à Juventude Feminina (ACISJF), 18 de abril de 2015; Encontro com as Crianças com Deficiências e os Doentes do Instituto Seráfico, em 4 de outubro de 2013; aos participantes da XXIX Conferência Internacional promovida pelo Conselho Pontifício para a Pastoral no Campo da Saúde, 22 de novembro de 2014.

[80] "A sua longevidade nem sempre é vista como um dom de Deus, mas, às vezes, como um peso difícil de suportar, sobretudo quando a saúde está fortemente comprometida. Essa mentalidade não faz bem à sociedade, e é nossa tarefa desenvolver 'anticorpos' contra esse modo de considerar os idosos, ou as pessoas com deficiências, como se fossem existências indignas de serem vividas. Isso é pecado, é um pecado social grave. Com que ternura, ao contrário, Cottolengo amou estas pessoas! Aqui podemos aprender outro modo de olhar para a vida e para a pessoa humana!" (Encontro com os Doentes e Portadores de Necessidades Especiais, Cottolengo, 21 junho de 2015).

considerados um peso, enquanto os jovens não veem à sua frente perspectivas seguras para a sua vida. E, no entanto, idosos e jovens são a esperança da humanidade: os primeiros trazem a sabedoria da experiência, enquanto os segundos nos abrem ao futuro, impedindo de nos fecharmos em nós mesmos (cf. Exortação Apostólica *Evangelii gaudium*, 108). Sábia opção é não marginalizar os idosos da vida social, para se manter viva a memória de um povo. De igual modo, é bom investir nos jovens, com iniciativas adequadas que os ajudem a encontrar trabalho e fundar um lar doméstico. É preciso não apagar o seu entusiasmo!".[81]

Deixou sistematicamente a harmonia majestática de São Pedro do Vaticano para estar com os que não têm lugar. Esse distanciamento tem também um significado especial porque, diferentemente de muitos templos românicos, que provocam temor, ou góticos, que causam espanto (os dois harmônicos da teofania), a Igreja de São Pedro do Vaticano expressa uma grandeza meramente humana. Francisco pareceria querer dizer que não se pode continuar ligando a figura do papa a esses muros, mais mundanos do que cristãos; que é preciso ligá-la ao contato, inclusive físico, com pessoas necessitadas, como fazia Jesus.

Quem se lembra de um papa inclinado até o solo, beijando realmente o pé de um excluído ou abraçando demoradamente uma pessoa deformada por sua enfermidade? E o que todos captam é que são gestos verdadeiros e, por isso,

---

[81] Ao corpo diplomático acreditado junto à Santa Sé, 13 de janeiro de 2014; cf. também aos membros da Pontifícia Comissão para a América Latina, 28 de fevereiro de 2014; o papa insiste em que estas duas categorias sociais deveriam ser as privilegiadas pela sociedade; cf. à delegação do Departamento Internacional Católico para a Infância (BICE), 11 de abril de 2014; Comunidade de Santo Egídio, 15 de junho de 2014.

expressivos, realmente humanos e, consequentemente, humanizadores, e não a pose de um líder para fazer propaganda de si ou perfazendo um ato de humildade. Ele atende-os o mais pessoalmente possível, como se estivessem sozinhos, em meio à multidão.

Por isso, não é casual que sua primeira saída para fora do Vaticano tenha sido a Lampedusa, depois do naufrágio dos emigrantes, com centenas de vítimas. Todo o mundo foi testemunha de que não foi um ato protocolar, mas de proximidade, de solidariedade, de tomada de partido e de reparação.[82]

Porque, a partir da autoridade que confere essa proximidade cordial, essa solidariedade profunda, ele defende os pobres, os diferentes que são considerados inferiores, os migrantes, as crianças, os jovens e anciãos descartados, defende-os e, a partir deles, acusa o sistema que os produz e mantém, que precisa prescindir deles para manter-se, para conservar sua ganância de poder. Por isso, uma e outra vez, designou esta sociedade, este sistema, de fetichista:[83] que

---

[82] "Falando de paz, falando da desumana crise econômica mundial, que constitui um sintoma grave da falta de respeito pelo homem, não posso deixar de recordar com profunda dor as numerosas vítimas do último, trágico, naufrágio ocorrido hoje ao largo de Lampedusa. Vem-me a palavra vergonha. É uma vergonha! Oremos juntos a Deus, por quantos perderam a vida: homens, mulheres e crianças, pelos seus familiares e por todos os refugiados. Unamos os nossos esforços a fim de que nunca mais se repitam tragédias semelhantes! Só uma colaboração decidida da parte de todos pode contribuir para as prevenir" (aos participantes da Comemoração do 50º Aniversário da Encíclica *Pacem in terris* do Papa João XXIII).

[83] Depois de pintar com traços muito dramáticos a situação mundial, diz: "Uma das causas dessa situação reside na relação que temos com o dinheiro, aceitando o seu predomínio sobre nós e as nossas sociedades. Assim, a crise financeira, que estamos a atravessar, faz-nos esquecer a sua origem primordial, que se encontra numa profunda crise antropológica, ou seja,

vive de vítimas; e tem-no acusado frontalmente de matar, de matar sistematicamente,[84] excluindo do trabalho e da assistência social, inclusive da possibilidade de ter uma casa, um número crescente de pessoas, entre as quais destaca os anciãos, os jovens[85] e os imigrantes do Terceiro Mundo. E o

---

na negação da primazia do homem. Criamos novos ídolos. A adoração do antigo bezerro de ouro (cf. Ex 32,1-8) encontrou uma nova e cruel versão na idolatria do dinheiro e na ditadura de uma economia realmente sem fisionomia nem finalidade humanas" (aos novos embaixadores do Quirguistão, Antígua e Barbados, Grão-Ducado do Luxemburgo e Botswana por ocasião da apresentação das Cartas Credenciais, 16 de maio de 2013). "Num mundo em que se fala muito de direitos, quantas vezes é verdadeiramente espezinhada a dignidade humana! Num mundo onde se fala tanto de direitos, parece que o único que os tem é o dinheiro. Prezados irmãos e irmãs, nós vivemos num mundo onde é o dinheiro que manda. Vivemos num mundo, numa cultura onde reina o fetichismo do dinheiro" (à plenária do Pontifício Conselho para a Pastoral dos Migrantes e Itinerantes, 24 de maio de 2013). "A crise, que estamos a viver neste momento, é uma crise humana. Dizem: é uma crise econômica, é uma crise de trabalho. Sim, é verdade! Mas por quê? Este problema do trabalho, este problema na economia é consequência do grande problema humano. Aquilo que está em crise é o valor da pessoa humana, e nós devemos defender a pessoa humana. [...] Hoje a pessoa não conta; contam os euros, conta o dinheiro. Ora, Jesus, Deus deu o mundo, deu toda a criação, não ao dinheiro, mas à pessoa, ao homem e à mulher, para que a fizessem progredir. É uma crise da pessoa... está em crise, porque hoje a pessoa – atenção, isto é verdade – é escrava! E nós temos de nos libertar dessas estruturas econômicas e sociais que nos escravizam. Esta é a vossa tarefa" (respostas do Santo Padre Francisco às perguntas dos representantes das escolas dos jesuítas na Itália e na Albânia, 7 de junho de 2013).

[84] Aos participantes no Encontro Mundial de Movimentos Populares, 28 de outubro de 2014; Encontro com os Jovens, Nairóbi, 27 de novembro de 2015; participação no II Encontro Mundial dos Movimentos Populares, Santa Cruz de la Sierra, 9 de julho de 2015.

[85] A respeito da exclusão de anciãos e jovens: "A civilização mundial ultrapassou os limites, ultrapassou os limites porque criou um tal culto do deus dinheiro, que estamos na presença de uma filosofia e uma prática de exclusão dos dois polos da vida que constituem as promessas dos povos. (...) De coração sincero, peço aos idosos: não esmoreçam na missão de ser a reserva

mais grave é que isso acontece quando o desenvolvimento dos meios de produção é suficiente para que ninguém seja pobre.[86] Por isso, insiste em que "a medida da grandeza de uma sociedade é dada pelo modo como esta trata os mais necessitados, quem não tem outra coisa senão a sua pobreza!".[87] Contudo, acontece que, além disso, o Papa Francisco é capaz de ver que esses excluídos não só se ajudam mutuamente com frequência, e querem não que lhes seja mudada a situação totalmente, mas que haja lugar para todos, pois acolhem o próprio Deus: "Na casa dos pobres, Deus encontra sempre lugar".[88]

---

cultural do nosso povo; reserva que transmite a justiça, que transmite a história, que transmite os valores, que transmite a memória do povo. E vocês, por favor, não se ponham contra os idosos: deixem-nos falar, ouçam-nos e sigam em frente. Mas saibam, saibam que neste momento vocês, jovens, e os idosos estão condenados ao mesmo destino: a exclusão. Não se deixem descartar. Claro, para isso acho que vocês devem trabalhar" (Encontro com os Jovens Argentinos, na Catedral de São Sebastião, 25 de julho de 2013); Encontro com os Jovens, Nápoles, 21 de março de 2015; esta sociedade, em cujo centro está o deus dinheiro, descarta principalmente velhos e jovens (Encontro com as Comunidades de Vida Cristã [CVX] – Liga Missionária de Estudantes da Itália, 30 de abril de 2015).

[86] "Sabe-se que a produção atual é suficiente e, no entanto, ainda existem milhões de pessoas que sofrem e morrem de fome: estimados amigos, isto constitui um verdadeiro escândalo! Então, é necessário encontrar os modos para que todos possam se beneficiar dos frutos da terra, não apenas para evitar que se alargue o fosso entre quantos são mais abastados e aqueles que se devem contentar com as migalhas, mas também e sobretudo para uma exigência de justiça e de equidade, bem como de respeito devido a cada ser humano" (aos participantes da 38ª Conferência da Organização das Nações Unidas para a Alimentação e a Agricultura [FAO], 20 de junho de 2013).

[87] Visita à Comunidade de Varginha (Manguinhos), Rio de Janeiro, 27 de julho de 2013.

[88] Encontro com o Episcopado Brasileiro, Rio de Janeiro, 27 de julho de 2013.

Perante essa primazia do dinheiro e do poder que excluem, ele coloca a verdadeira grandeza de fazer o bem: "O bem é prêmio em si mesmo, aproximando-nos de Deus, Sumo Bem. Faz-nos pensar como ele, faz-nos ver a realidade da nossa vida à luz do seu desígnio de amor para cada um de nós, faz-nos saborear as pequenas alegrias de cada dia e ampara-nos nas dificuldades e nas provações. O bem paga infinitamente mais do que o dinheiro, que, pelo contrário, desilude porque fomos criados para acolher o amor de Deus e dá-lo, por nossa vez, aos outros, e não para medir tudo em termos de dinheiro ou de poder, que é o perigo que nos mata a todos".[89]

Sem dúvida que, como Jesus, o Papa Francisco pode apropriar-se do verso de Martí: "com os pobres da terra, quero lançar minha sorte". "É necessário construir a cidade terrena à luz das bem-aventuranças e, desse modo, caminhar rumo ao céu em companhia dos mais pequeninos e dos últimos."[90]

Como o papa ainda está envolto em uma aura de popularidade sem precedentes,[91] poucos se atrevem a desmenti-lo

---

[89] Encontro com as crianças do Centro de Assistência Betânia e com crianças assistidas por outros centros de caridade da Albânia, Tirana, 21 de setembro de 2014.

[90] Aos participantes na Sessão Plenária da Pontifícia Academia das Ciências Sociais, 18 de abril de 2015.

[91] Para compreender sua índole humana e espiritual, é bom inteirar-se de como lida com sua popularidade: "Vivo-a, agradecendo ao Senhor pelo fato de seu povo se sentir feliz – isto faço-o verdadeiramente – e almejando ao povo de Deus o melhor. Vivo-a como generosidade do povo: isto é verdade! Interiormente, procuro pensar nos meus pecados e nos meus erros, para não me iludir, porque sei que isso durará pouco tempo, dois ou três anos, e depois... a casa do Pai. E também não é sábio perguntar-se por isso, mas vivo-a como a presença do Senhor no seu povo, que usa o bispo, que é o pastor do povo, para manifestar muitas coisas. Vivo-a com mais naturalidade do

publicamente, embora já comece a acontecer que suas declarações sejam contrapostas publicamente,[92] mas, certamente, ele não precisa agradar de forma alguma os responsáveis por essa situação de pecado. E por isso, na internet, já se pode perceber uma guerra surda, mas persistente e em progressão, e, mais ainda, em declarações dos intelectuais do sistema.

3.7 A lógica da encarnação o leva a inteirar-se dos problemas e a ocupar-se deles na medida em que afetam a humanidade, a partir do paradigma de Jesus

A lógica da encarnação o leva a inteirar-se dos problemas da humanidade e da criação, e a ocupar-se deles na medida em que afetam a humanidade dos seres humanos, a partir do paradigma de Jesus.

Por isso, denuncia a inumanidade de um modo de vida marcado pela pressa que impede as relações humanizadoras, que impede a vida de família, que deixa os filhos em estado de orfandade, mesmo quando os pais se amem e os amem.[93] E a partir dessa dor, denuncia a atitude resignada

---

que antes: antes, assustava-me um pouco... Faço as coisas e, na mente, digo para mim mesmo: não cometas erros, porque não deves fazer mal a este povo" (Encontro com os Jornalistas, durante o voo de regresso da Coreia a Roma, 18 de agosto de 2014).

[92] Exemplo disso é o caso de Donald Trump, magnata candidato à nomeação republicana, que, diante do discurso do papa no Congresso dos EUA, declarou acerca das migrações: "Respeito-o, e suas palavras foram belíssimas, mas também creio que nosso país enfrenta graves problemas precisamente em decorrência das migrações". E sobre a mudança climática: "Não creio em mudança climática", declarou, buscando destacar que os Estados Unidos não deveriam "pôr em perigo as empresas do país", impondo-lhes vínculos com o meio ambiente que poderiam, por sua vez, "comprometer os postos de trabalho" na economia nacional.

[93] Aos participantes na Assembleia Diocesana de Roma, 16 de junho de 2014.

e a apocalíptica que creem que já não se pode fazer nada, e que Deus é o único que pode solucionar tudo com um golpe de força. Deus só intervém através de nós e, por isso, não podemos resignar-nos à desumanização atual: "Diante da crise pode haver a *resignação*, o pessimismo em relação a qualquer possibilidade de intervenção eficaz. Num certo sentido é um 'afastar-se' da própria dinâmica do atual momento histórico, denunciando os seus aspectos mais negativos com uma mentalidade semelhante àquele movimento espiritual e teológico do século II depois de Cristo, chamado 'apocalíptico'. Disso nós sentimos a tentação, de pensar em chave apocalíptica. Esse conceito pessimista da liberdade humana e dos processos históricos leva a uma espécie de paralisia da inteligência e da vontade. A desilusão conduz também a uma espécie de fuga, a procurar 'ilhas' ou momentos de trégua. Trata-se de algo semelhante à atitude de Pilatos, o 'lavar as mãos'. Uma atitude que parece 'pragmática', mas que de fato ignora o grito de justiça, de humanidade e de responsabilidade social e leva ao individualismo, à hipocrisia, ou até a uma espécie de cinismo. Esta é a tentação que temos diante de nós, se formos por este caminho do desengano ou da desilusão".[94]

Diante dessa atitude cínica ou no mínimo descomprometida, o Papa Francisco pensa que este momento histórico impele a buscar caminhos: "Penso não só que há um caminho para percorrer, mas que precisamente o momento histórico que vivemos nos impele a *procurar e encontrar caminhos de esperança*, que abram horizontes novos à nossa sociedade".[95] Porque a paz não é tranquilidade descompro-

---

[94] Encontro com o Mundo da Cultura, Cagliari, 22 de setembro de 2013.

[95] Ibid.

metida, mas trabalho incessante: "Não, não! A verdadeira paz consiste em trabalhar para que todos encontrem uma solução para os problemas, para as necessidades que encontram na sua terra, na sua pátria, nas respectivas famílias e na sua sociedade. É assim que se constrói a paz".[96]

O norte que precisa guiar os cristãos para entrar no debate mundial é o sentido sagrado, absoluto, do *humano*[97] acima de qualquer criação sua e de qualquer esfera da realidade histórica, seja a econômica, a política, a cultural ou, inclusive, a religiosa, no sentido de uma organização religiosa específica. Para Francisco, isto não é uma doutrina que se professa, mas uma convicção enraizada no mais profundo: "E, para mim, a autenticidade consiste nisto: estou falando com irmãos! Todos somos irmãos! Crentes, não crentes, desta confissão religiosa ou da outra, judeus, muçulmanos... somos todos irmãos! O homem está no centro da história, e isso para mim é muito importante: o homem está no centro! Neste momento da história, o homem foi removido do centro, escorregou rumo à periferia, e no centro — pelo menos neste momento — estão o poder e o dinheiro. E nós temos que trabalhar pelas pessoas, pelo homem e pela mulher, que são a imagem de Deus".[98] "A antropologia cristã e a doutrina social da Igreja fazem parte do patrimônio de experiência e de humanidade, sobre as quais se fundamenta a civilização europeia, e elas podem ajudar a confirmar concretamente o primado do ho-

---

[96] Diálogo com crianças e jovens das escolas italianas participantes da manifestação organizada por "La Fábrica de la Paz", 11 de maio de 2015.

[97] Este é, para o papa, o sentido cristão dos cuidados paliativos: "valorizam a pessoa", estão a serviço da "dignidade da pessoa doente" (aos participantes na plenária da Pontifícia Academia para a Vida, 5 de março de 2015).

[98] Diálogo com um grupo de jovens da Bélgica, 31 de março de 2014).

mem sobre a técnica e sobre as estruturas. E esse primado do homem pressupõe a abertura à transcendência. [...] A Igreja não propõe verdades morais imutáveis e atitudes unicamente contra a corrente em relação ao mundo, mas propõe-nas como a chave do bem humano e do desenvolvimento social. [...] Na nossa sociedade, fortemente caracterizada pela secularização, encorajo-vos também a estar presentes no debate público, em todos os ambientes nos quais o homem está em questão, para tornar visíveis a misericórdia de Deus e a sua ternura por cada uma das criaturas".[99]

O Papa Francisco agarra-se com força à convicção medular do Cristianismo de que a dignidade humana é inalienável.[100] Por isso, tem-se de respeitar o ser humano, seja qual for sua situação e sua conduta. Por essa razão, não se pode descartar nenhum ser humano: todos somos imagem de Deus. Descartar o ser humano é um ateísmo prático. Essa dignidade inalienável é o limite de qualquer projeto hegemônico e é também o trampolim para não sucumbir aos efeitos deletérios da prostração e para levantar-se dela: "Promover a dignidade humana com base na verdade fundamental de que o homem é criado à imagem e semelhança de Deus. Por conseguinte, uma dignidade originária de cada homem e mulher, insuprimível, indisponível para qualquer

---

[99] Aos bispos dos Países Baixos em visita *"ad limina apostolorum"*, 2 de dezembro de 2013.

[100] Em seu encontro com a Igreja Armênia Católica, recorda-lhes os cem anos do genocídio de seu povo, perpetrado pelos turcos: "Como diz o Evangelho, do íntimo do coração do homem podem desencadear-se as forças mais obscuras, capazes de chegar a programar sistematicamente a eliminação do irmão, a considerá-lo um inimigo, um adversário, ou até mesmo um indivíduo carente da mesma dignidade humana" (ao Sínodo Patriarcal da Igreja Armênio-Católica, 9 de abril de 2015).

poder ou ideologia. Infelizmente, na nossa época, tão rica de conquistas e esperanças, não faltam poderes e forças que acabam por produzir uma cultura do descarte; e esta tende a tornar-se mentalidade comum. [...] Este falso modelo de homem e de sociedade atua num ateísmo prático, negando de fato a Palavra de Deus que diz: 'Façamos o homem à nossa imagem, à nossa semelhança' (cf. Gn 1,26). [...] A força desta Palavra põe limites a quem quiser tornar-se hegemônico, prevaricando os direitos e a dignidade dos outros. Ao mesmo tempo, dá esperança e conforto a quem não é capaz de se defender, a quem não dispõe de meios intelectuais e práticos para afirmar o valor do próprio sofrimento, dos próprios direitos, da própria vida".[101]

Não se pode pressupor que essa concepção de pessoa seja um patrimônio real de todos os crentes; por isso, é indispensável formar nela, principalmente os que têm uma função pública. Ela será a base para o trabalho comum com crentes de outras religiões e não crentes que compartilham essa visão do ser humano: "É necessária uma obra de sensibilização e de formação, para que os fiéis leigos, em qualquer condição, e sobretudo quantos estão comprometidos no âmbito político, saibam pensar segundo o Evangelho e a Doutrina Social da Igreja e agir coerentemente, dialogando e colaborando com quantos, com sinceridade e honestidade intelectual, partilham, se não a fé, pelo menos uma visão semelhante do homem e da sociedade e das suas consequên-

---

[101] Aos membros do Instituto *Dignitatis humanae*, 7 de dezembro de 2013. Diálogo com os participantes de um seminário internacional, sobre a proposta do Papa Francisco na Exortação Apostólica *Evangelii gaudium*: "Por uma economia cada vez mais inclusiva", 12 de julho de 2014; aos participantes do encontro, promovido no Vaticano, por ocasião do quinto aniversário do terremoto no Haiti, 10 de janeiro de 2015.

cias éticas. Não são poucos os não cristãos convictos de que a pessoa humana deve ser sempre um fim e não um meio".[102]

Uma observação muito importante a esse respeito é sublinhar o papel de vanguarda da mulher na salvaguarda concreta da vida e da dignidade humana: "Na crise cultural de nosso tempo, a mulher encontra-se em primeira linha na luta pela salvaguarda do ser humano".[103]

Para o papa, essa mudança de época é propícia para superar as ilusões semeadas tanto pela primeira como pela segunda Ilustração, e encarar a realidade, compreendendo cada um de seus elementos para transformá-los de modo excelente a partir da humanidade de Jesus, que é a perspectiva ecumênica que o Cristianismo oferece: "É importante ler a realidade, encarando-a. As leituras ideológicas ou parciais não servem, alimentam apenas a ilusão e a desilusão. Ler a realidade, mas viver também esta realidade, sem receios, sem fugas nem catastrofismos. Cada crise, também a atual, é uma passagem, as dores de um parto que requer fadiga, dificuldade, sofrimento, mas que tem em si o horizonte da vida, de uma renovação, traz a força da esperança. E esta não é uma crise de 'mudança': é uma crise de 'mudança de época'. É uma época, aquela que muda. Não são mudanças epocais superficiais. A crise pode tornar-se um momento de purificação e de reconsideração dos nossos modelos econômico-sociais e de um certo conceito do progresso que alimentou ilusões, para recuperar o humano em todas as suas dimensões. O discernimento não é cego, nem improvisado:

---

[102] Ibid.

[103] Aos participantes na Plenária do Conselho Pontifício para os Leigos, 7 de dezembro de 2013; às participantes no Congresso Nacional do Centro Italiano Feminino, 25 de janeiro de 2014.

realiza-se com base em critérios éticos e espirituais, exige que se interrogue sobre o que é bom, a referência aos próprios valores de uma visão do homem e do mundo, uma visão da pessoa em todas as suas dimensões, sobretudo espiritual, transcendente; nunca se pode considerar a pessoa como 'material humano'! Talvez esta seja a proposta escondida do funcionalismo".[104]

Quando uma sociedade preserva os direitos humanos, dinamiza-se: "Quando a dignidade do homem é respeitada e os seus direitos são reconhecidos e garantidos, florescem também a criatividade e a audácia, podendo a pessoa humana explanar suas inúmeras iniciativas a favor do bem comum".[105]

Um aspecto realmente significativo é o do reconhecimento da dignidade da mulher e, concretamente, a afirmação conjunta, na prática, da diferença em relação ao homem e da igual dignidade. O papa insiste em que, ao superar a subordinação, não se trata de chegar a um equilíbrio, muito menos de conservar um enfrentamento. Para ele, a meta tem de ser a relação, a reciprocidade: das mulheres para com os homens e vice-versa: "A igualdade e a diferença das mulheres — assim como dos homens — compreendem-se melhor na perspectiva do *com*, da relação, que do *contra*.

---

[104] Encontro com o Mundo da Cultura, 22 de setembro de 2013.

[105] Encontro com as Autoridades, Tirana, 21 de setembro de 2014; ao Conselho da Europa diz o seguinte: "A estrada escolhida pelo Conselho da Europa é, antes de mais nada, a promoção dos direitos humanos, a que se liga o desenvolvimento da democracia e do estado de direito. É um trabalho particularmente precioso, com notáveis implicações éticas e sociais, já que, de um reto entendimento destes termos e de uma reflexão constante sobre eles, depende o desenvolvimento das nossas sociedades, a sua pacífica convivência e o seu futuro" (Discurso ao Conselho da Europa, Estrasburgo, 25 de novembro de 2014).

Há muito tempo que foi abandonado, pelo menos nas sociedades ocidentais, o modelo da *subordinação social* da mulher ao homem, um modelo secular do qual, contudo, ainda não desapareceram completamente os efeitos negativos. Superamos também um segundo modelo, da pura e simples *igualdade*, aplicada mecanicamente, e da *igualdade absoluta*. Configurou-se, assim, um novo paradigma, da *reciprocidade* na equivalência e na diferença. Por conseguinte, a relação homem-mulher deveria reconhecer que ambos são necessários porque possuem uma natureza idêntica, mas com modalidades próprias. Uma é necessária à outra, e vice-versa, para que se cumpra deveras a plenitude da pessoa".[106]

Um aspecto que tende a ser esquecido na defesa e na promoção da dignidade humana é a busca da verdade e o manter vigilante a voz da consciência; sem elas, impõe-se o individualismo e a globalização da indiferença que nos empobrece humanamente: "*A verdade faz apelo à consciência,* que é irredutível aos condicionamentos e, por isso, é capaz de conhecer a sua própria dignidade e de se abrir ao absoluto, tornando-se fonte das opções fundamentais guiadas pela procura do bem para os outros e para si mesma e lugar duma liberdade responsável.

"Além disso, é preciso ter presente que, sem esta busca da verdade, cada um torna-se medida de si mesmo e do seu próprio agir, abrindo a estrada à afirmação subjetivista dos direitos, de tal modo que o conceito de direito humano, que de per si tem valência universal, é substituído pela ideia de direito individualista. Isso leva a ser substancialmente descuidado para com os outros e a favorecer a *globalização da*

---

[106] Aos participantes na plenária do Conselho Pontifício para a Cultura, 7 de fevereiro de 2015.

indiferença, que nasce do egoísmo, fruto de uma concepção do homem incapaz de acolher a verdade e viver uma autêntica dimensão social.

"Um tal individualismo torna-nos humanamente pobres e culturalmente estéreis, porque corta realmente aquelas raízes fecundas sobre as quais se enxerta a árvore".[107]

O fundamental e, por isso, prioritário, é a defesa e a promoção da *vida humana*: "As coisas têm um preço e podem ser vendidas, mas as pessoas têm uma dignidade, valem mais do que as coisas e não têm preço. Encontramo-nos muitas vezes em situações onde vemos que aquilo que menos custa é a vida. Por isso, a atenção à vida humana, na sua totalidade, tornou-se nos últimos tempos uma verdadeira prioridade do Magistério da Igreja, de maneira particular àquela mais inerme, ou seja, ao portador de deficiência, ao enfermo, ao nascituro, à criança e ao idoso, à vida mais indefesa".[108]

Ele aplica isso, por exemplo, aos centros sanitários, ao cuidado médico: "Não existe uma vida humana mais sagrada que a outra, assim como não existe uma vida humana qualitativamente mais significativa do que a outra. A credibilidade de um sistema de saúde não se mede unicamente pela eficácia, mas sobretudo pela atenção e pelo amor às pessoas, cuja vida é sempre sagrada e inviolável".[109] A promoção e a defesa da vida são a medida do grau de desenvolvimento de uma sociedade, mais do que a difusão da tecnologia: "O grau

---

[107] Discurso ao Conselho da Europa, Estrasburgo, 25 de novembro de 2014.

[108] Aos ginecologistas católicos participantes de uma conferência mundial, organizada pela Federação Internacional das Associações Médicas Católicas, 20 de setembro de 2013.

[109] Ibid.

de progresso de uma civilização mede-se precisamente pela capacidade de salvaguardar a vida, sobretudo nas suas fases mais frágeis, mais do que pela difusão de instrumentos tecnológicos. Quando falamos do homem, nunca esqueçamos todos os atentados contra a sacralidade da vida humana. É atentado contra a vida o flagelo do aborto. É atentado contra a vida deixar morrer os nossos irmãos nas embarcações no canal da Sicília. É atentado contra a vida a morte no trabalho, porque não se respeitam as mínimas condições de segurança. É atentado contra a vida a morte por subalimentação. São atentados contra a vida o terrorismo, a guerra e a violência; mas também a eutanásia. Amar a vida é sempre cuidar do outro, desejar o seu bem, cultivar e respeitar a sua dignidade transcendente.

"Estimados amigos, encorajo-vos a relançar uma renovada cultura da vida, que saiba instaurar redes de confiança e de reciprocidade, que consiga oferecer horizontes de paz, de misericórdia e de comunhão. Não tenhais medo de empreender um diálogo fecundo com todo o mundo da ciência, inclusive com aqueles que, embora não se professem crentes, permanecem abertos ao mistério da vida humana."[110]

A defesa da vida e de seu caráter inviolável ajuda a considerá-la dom de Deus: "Hoje, na Europa, é muito importante dar relevo à dimensão espiritual e religiosa da vida humana. Numa sociedade cada vez mais marcada pelo secularismo e ameaçada pelo ateísmo, corre-se o risco de viver como se Deus não existisse. Com frequência, o homem sente-se tentado a pôr-se no lugar de Deus, considerar-se o critério de tudo, pensar que pode controlar tudo, usar tudo

---

[110] Aos participantes do encontro promovido pela Associação Ciência e Vida, em 30 de maio de 2015.

o que o circunda segundo o próprio arbítrio. Mas é muito importante recordar-nos que a nossa vida é dom de Deus, e que a Deus nos devemos confiar, acreditar nele, a ele dirigir-nos sempre. Judeus e cristãos têm o dom e a responsabilidade de contribuir para manter vivo o sentido religioso dos homens de hoje e da nossa sociedade, testemunhando a santidade de Deus e da vida humana: Deus é santo, e santa e inviolável é a vida que ele doa".[111]

À mesma altura que a defesa da vida se encontra a defesa da *dignidade* dessa vida. Por isso, sua denúncia das novas formas de escravidão "que de certa maneira são piores e até mais desumanizantes em relação às do passado. [...] E hoje, entre os nossos irmãos mais necessitados encontram-se aqueles que padecem a tragédia das modernas formas de escravidão, do trabalho forçado, do trabalho escravo, da prostituição, do tráfico de órgãos e da droga. [...] A sociedade inteira está chamada a amadurecer esta consciência, de forma particular no que se refere à legislação nacional e internacional, de maneira a poder entregar os traficantes à justiça e reinvestir os seus lucros injustos na reabilitação das vítimas. Dever-se-iam procurar modalidades mais idôneas para penalizar quantos se tornam cúmplices deste mercado desumano. Estamos chamados a melhorar as modalidades de resgate e de inclusão social das vítimas, atualizando também os regulamentos sobre o direito de asilo. É necessário que aumente a consciência das autoridades civis a respeito da gravidade de tal tragédia, que constitui uma regressão da humanidade. E muitas vezes – tantas vezes! –, estas novas

---

[111] Discurso à delegação da Conference of European Rabbis, 20 de abril de 2015.

formas de escravidão são protegidas pelas instituições que devem defender a população contra tais delitos".[112]

Por esse motivo sua denúncia do tráfico de seres humanos, utilizados como coisas para uma sórdida ganância: "Hoje desejo afrontar convosco uma questão que muito me preocupa e que ameaça atualmente a dignidade das pessoas: o tráfico de seres humanos. Trata-se de uma verdadeira forma de escravidão – cada vez mais espalhada, infelizmente – que tem a ver com todos os países, mesmo os mais desenvolvidos, e que atinge as pessoas mais vulneráveis da sociedade: as mulheres e as jovens, os meninos e as meninas, os deficientes, os mais pobres, quem provém de situações de desagregação familiar e social. Nós, cristãos, reconhecemos neles, duma maneira especial, o rosto de Jesus Cristo, que se identificou com os mais pequenos e necessitados. Outros, que não fazem referimento sequer a uma fé religiosa, em nome da humanidade comum partilham a compaixão pelos seus sofrimentos e esforçam-se por libertá-los e curar as suas feridas. Juntos, podemos e devemos empenhar-nos para que sejam libertados e se possa pôr fim a esse comércio horrível. Fala-se de milhões de vítimas do trabalho forçado, do tráfico de pessoas[113] para fins de mão de obra e de exploração sexual. Tudo isto não pode continuar. Constitui uma grave violação dos direitos humanos das vítimas e uma ofensa à sua dignidade, para além de ser uma derrota para a comunidade mundial. Todas as pessoas de boa vontade, quer se professem religiosas quer não, não podem permitir que

---

[112] Aos participantes na Assembleia Plenária do Pontifício Conselho para as Comunicações Sociais, 18 de abril de 2015.

[113] Cf. Discurso à delegação da Associação Internacional de Direito Penal, 23 de outubro de 2013.

essas mulheres, esses homens, essas crianças sejam tratados como objetos, enganados, violentados, frequentemente vendidos várias vezes para variados fins, acabando assassinados ou pelo menos arruinados no corpo e na mente e são descartados e abandonados. É uma vergonha.

"O tráfico das pessoas é um crime contra a humanidade. Devemos unir as forças para libertar as vítimas e deter este crime, cada vez mais agressivo, que ameaça não só as pessoas individualmente e os valores basilares da sociedade, mas também a segurança e a justiça internacionais e ainda a economia, o tecido familiar e a própria convivência social."[114]

A defesa da vida associa-se à defesa da *família*, o lugar onde se cria e se modela a vida humana em sua qualidade de humana, e a sua comunitariedade: "A família permanece a unidade basilar da sociedade e a primeira escola onde as crianças aprendem os valores humanos, espirituais e morais que as tornam capazes de ser faróis de bondade, integridade e justiça nas nossas comunidades".[115] Se o ser humano não é um indivíduo, mas uma pessoa que se constitui como tal pelas relações que estabelece a partir de sua autenticidade,

---

[114] Discurso aos novos embaixadores junto da Santa Sé, por ocasião da apresentação das Cartas Credenciais, 12 de dezembro de 2013; aos participantes na Conferência Internacional sobre o Tráfico de Pessoas, 10 de abril de 2014; à Sua Graça Justin Welby, arcebispo de Canterbury, 16 de junho de 2014.

[115] Encontro com os Líderes do Apostolado Leigo, Khottongnae, 16 de agosto de 2014. "Já por si mesma, a família que cumpre bem a sua missão em relação aos seus membros constitui uma escola de humanidade, de fraternidade, de amor e de comunhão, que prepara cidadãos maduros e responsáveis" (Discurso aos participantes da Assembleia Plenária do Conselho das Conferências Episcopais Europeias [CCEE], 3 de outubro de 2014). De forma mais ampla, durante a vigília de oração preparatória para o Sínodo sobre a Família, 4 de outubro de 2014, que remete *à Evangelii gaudium*, 66-68.

a família é insubstituível e precisa ser defendida e promovida: "Como escreveu o Beato João Paulo II na Exortação Apostólica *Familiaris consortio*, a família não é a soma das pessoas que a constituem, mas uma 'comunidade de pessoas' (cf. n. 17-18). E uma comunidade é mais do que a soma das pessoas que a compõem. É o lugar onde se aprende a amar, o centro natural da vida humana. É feita de rostos, de pessoas que ama, dialogam, se sacrificam pelos outros e defendem a vida, sobretudo a mais frágil e débil. Sem exagerar, poder-se-ia dizer que a família é o motor do mundo e da história. Cada um de nós constrói a própria personalidade em família, crescendo com a mãe e o pai, com os irmãos e as irmãs, respirando o calor da casa. A família é o lugar onde recebemos o nome, o lugar dos afetos, o espaço da intimidade, onde se aprende a arte do diálogo e da comunicação interpessoal. Na família, a pessoa toma consciência da própria dignidade e, especialmente se a educação é cristã, reconhece a dignidade de cada indivíduo, de maneira particular do doente, frágil, marginalizado.

"Tudo isso é a comunidade-família, que pede para ser reconhecida como tal, ainda mais nos dias de hoje, quando prevalece a tutela dos direitos individuais."[116]

E a família funda-se no Matrimônio, do qual faz uma arguta fenomenologia: "*A família funda-se no Matrimônio*. Através de um gesto de amor livre e fiel, os esposos cristãos testemunham que o Matrimônio, enquanto sacramento, é a base

---

[116] Discurso aos participantes na Plenária do Pontifício Conselho para a Família, 25 de outubro de 2013. Veja-se também o que diz durante a visita oficial ao presidente da República italiana, 14 de novembro de 2015. Com os movimentos populares, Francisco pede uma casa para cada família (aos participantes no Encontro Mundial de Movimentos Populares, 28 de outubro de 2014).

sobre a qual se fundamenta a família e torna mais sólida a união dos cônjuges e o seu doar-se recíproco. O Matrimônio é como se fosse um primeiro sacramento do humano, onde a pessoa se descobre a si própria, se compreende a si mesma em relação aos outros e em relação ao amor que é capaz de receber e de dar. O amor esponsal e familiar revela também claramente a vocação da pessoa para amar de modo único e para sempre, e que as provas, os sacrifícios e as crises do casal, assim como da própria família, representam passagens para crescer no bem, na verdade e na beleza. No Matrimônio entregamo-nos completamente sem cálculos nem reservas, compartilhando tudo, dons e renúncias, confiando na Providência de Deus. Essa é a experiência que os jovens podem aprender dos pais e dos avós. Trata-se de uma experiência de fé em Deus e de confiança recíproca, de liberdade profunda e de santidade, porque a santidade supõe o doar-se com fidelidade e sacrifício cada dia da nossa vida! Mas no Matrimônio existem problemas. Há sempre diversos pontos de vista, ciúmes e discussões. É necessário dizer aos jovens esposos que nunca terminem o dia sem fazer as pazes entre eles. O sacramento do Matrimônio é renovado nesse gesto de paz depois de uma contenda, de um mal-entendido, de um ciúme oculto e até de um pecado. Fazer as pazes confere unidade à família; é preciso dizer isto aos jovens, aos jovens casais, que não é fácil percorrer esse caminho, mas que essa vereda é muito bonita, é deveras bela".[117]

---

[117] Ibid. A respeito dos problemas e do modo de enfrentá-los, cf. a alocução às famílias em peregrinação, por ocasião do Ano da Fé, 26 de outubro de 2013. Sobre a necessidade de que os governos determinem políticas de proteção para as famílias pobres, cf. a alocução ao corpo diplomático acreditado junto à Santa Sé, 13 de janeiro de 2014. O papa está consciente da crise da família, e diz que não tem receitas, embora volte sobre o que foi dito a

Está consciente da crise familiar, mas anima a trabalhar pela solidificação da família, porque é um grande dom de Deus que proporciona estabilidade e dinamismo: "Sei que a pastoral do Matrimônio permanece difícil, tendo em conta a situação concreta, social e cultural do vosso povo. Em contrapartida, não devemos desanimar, mas perseverar com tenacidade, pois a família tal como é defendida pela Igreja Católica é uma realidade querida por Deus; é um dom de Deus que contribuiu, tanto para as pessoas como para as sociedades, com a alegria, a paz, a estabilidade e o bem-estar. Essa questão é importante, pois é no seio da família, célula básica da sociedade e da Igreja, que se transmitem os valores humanos e evangélicos".[118]

O Papa Francisco está consciente do valor insubstituível do trabalho para alguém sentir-se digno, como meio para humanizar-se, além da sobrevivência: "Em face do atual desenvolvimento da economia e da angústia que a atividade laboral atravessa, é necessário reafirmar que o trabalho é uma realidade essencial para a sociedade, para as famílias e para os indivíduos. Com efeito, o trabalho diz respeito diretamente à pessoa, à sua vida, à sua liberdade e à sua felicidade. O valor primário do trabalho é o bem da pessoa humana, porque a realiza como tal, com as suas aptidões e capacidades intelectuais, criativas e manuais. Por isso, o trabalho não tem apenas uma finalidade econômica e de lucro, mas sobretudo uma finalidade que diz respeito ao homem e

---

propósito de enfatizar o nós, e insiste no testemunho e na oração (Encontro com os Jovens, Nápoles, 21 de março de 2015). Catequese muito bem fundada e humaníssima sobre a vocação, a comunhão e a missão da família (à Assembleia Diocesana de Roma, 14 de junho de 2015).

[118] Discurso aos bispos da Conferência Episcopal do Benim, em visita *ad limina apostolorum*, 27 de abril de 2015.

à sua dignidade. A dignidade do homem relaciona-se com o trabalho. Ouvi alguns jovens operários que não têm trabalho, e disseram-me: 'Padre, nós em casa – a minha esposa, os meus filhos – comemos todos os dias porque na paróquia, ou no clube, ou na Cruz Vermelha nos dão de comer. Mas, padre, eu não sei o que significa levar o pão para casa, e eu preciso comer, mas sobretudo ter a dignidade de levar o pão para casa'. É isto o trabalho! E, se não há trabalho, essa dignidade é ferida!".[119]

Solicita insistentemente a proteção internacional do trabalho para que, na globalização, os empresários não se aproveitem da mão de obra subvalorizada e eliminem empregos onde ela é valorizada.[120] E pede o reconhecimento dos direitos dos trabalhadores, sacrificados neste sistema que só leva em conta o dinheiro: "Já agora, cada trabalhador, quer faça

---

[119] Discurso aos dirigentes e operários das aceirarias de Terni e aos fiéis da diocese, 20 de março de 2014. O trabalho é um dos três temas cruciais que Francisco partilha com os líderes dos movimentos populares (aos participantes do Encontro Mundial de Movimentos Populares, 28 de outubro de 2014); Encontro com a população de Scampia e com várias categorias sociais (Nápoles, 21 de março de 2015); Encontro do Papa Francisco com as Comunidades de Vida Cristã (CVX) – Liga Missionária de Estudantes da Itália, em 30 de abril de 2015.

[120] "Um dos aspectos do sistema financeiro contemporâneo é a exploração do desequilíbrio internacional no mercado do trabalho, o qual chega a oprimir *bilhões de pessoas que vivem com menos de dois dólares por dia. Este desequilíbrio não só não respeita a dignidade* daqueles que alimentam a mão de obra barata, mas destrói fontes de trabalho nas regiões onde ele é salvaguardado. Apresenta-se aqui o problema de criar mecanismos de tutela dos direitos do trabalho [...] Visões que pretendem aumentar a rentabilidade, à custa da restrição do mercado de trabalho que cria novos excluídos, não estão em conformidade com uma economia a serviço do homem e do bem comum, nem com uma democracia inclusiva e participativa" (Discurso aos participantes na Plenária do Pontifício Conselho Justiça e Paz, 2 de outubro de 2014); Encontro com a população de Scampia e com várias categorias sociais, Nápoles 21 de março de 2015.

parte quer não do sistema formal do trabalho assalariado, tem direito a uma remuneração digna, à segurança social e a uma cobertura para a aposentadoria. Aqui estão catadores de papelão, recicladores, vendedores ambulantes, costureiros, artesãos, pescadores, camponeses, pedreiros, mineiros, operários de empresas recuperadas, membros de cooperativas de todos os tipos e pessoas com as profissões mais comuns, que são excluídas dos direitos dos trabalhadores, aos quais é negada a possibilidade de ter um sindicato, que não têm uma remuneração adequada e estável. Hoje desejo unir a minha voz à deles e acompanhá-los na luta".[121]

Por isso, combate um sistema que absolutiza o dinheiro e, portanto, descarta cada dia mais trabalhadores: "Um sofrimento que, segundo o que disse um de vós, 'te debilita e acaba por roubar a tua esperança'. Um sofrimento – a falta de trabalho – que te leva – perdoai-me, se sou um pouco forte, mas digo a verdade – a sentir-te sem dignidade! Onde não há trabalho, falta a dignidade! E este não é um problema unicamente da Sardenha — mas aqui é grave –, não é uma problemática só da Itália ou de alguns países da Europa, mas é a consequência de uma escolha mundial, de um sistema econômico que leva a essa tragédia; de um sistema econômico que tem no centro um ídolo, que se chama dinheiro.

"Deus quis que no cerne do mundo não houvesse um ídolo, mas o homem, o homem e a mulher que, mediante o próprio trabalho, levassem em frente o mundo. Mas agora, neste sistema desprovido de uma ética, no centro existe um

---

[121] Aos participantes do Encontro Mundial de Movimentos Populares, 28 de outubro de 2014; ao presidente da República italiana, Sergio Mattarella, 18 de abril de 2015.

ídolo, e o mundo tornou-se idólatra deste 'deus-dinheiro'. [...] É difícil ter dignidade sem trabalhar. É nisso que consiste o vosso sofrimento aqui. Este é o pedido que, dali, vós gritáveis: 'Trabalho', 'Trabalho', 'Trabalho'. É um pedido necessário. Trabalho quer dizer dignidade, trabalho significa trazer o pão para casa, trabalho quer dizer amar! Para defender este sistema econômico idolátrico, chega-se a instaurar a 'cultura do descarte': descartam-se os avós e descartam-se também os jovens. Quanto a nós, devemos dizer 'não' a esta 'cultura do descarte'. Nós temos o dever de dizer: 'Queremos um sistema justo! Um sistema que nos faça ir todos em frente'. Devemos dizer: 'Nós não queremos este sistema econômico globalizado, que tanto nos danifica!'. No centro deve estar o homem e a mulher, como Deus deseja, e não o dinheiro!"[122]

Não se consegue o bem comum somente pelo aumento da produção: exige-se que todos sejam ativos, que todos colaborem com seu trabalho e sua contribuição: "Mas o bem comum, objetivo final do viver associado, não pode ser alcançado através de um mero incremento dos lucros ou da produção, mas tem como pressuposto imprescindível a inclusão ativa de todos os sujeitos que compõem o corpo social. O ensinamento social da Igreja refere-se

---

[122] Encontro com os Trabalhadores, Cagliari, 22 de setembro de 2013; cf. também: aos membros da Pontifícia Comissão para a América Latina, 28 de fevereiro de 2014; aos representantes da Confederação Italiana de Cooperativas, 28 de fevereiro de 2015; aos membros das Associações Cristãs de Trabalhadores Italianos (ACLI), por ocasião do 70º aniversário de sua fundação, 23 de maio de 2015; "Estamos chamados a reafirmar o 'não' *à idolatria do dinheiro*, que estimula a incluir-se de qualquer forma no número dos poucos que, apesar da crise, se enriquecem, sem se preocupar pelos tantos que empobrecem, por vezes até à fome" (Encontro com o Mundo do Trabalho, Turim, 21 de junho de 2015).

constantemente a este critério fundamental: o ser humano é o centro do desenvolvimento, e se os homens e as mulheres ficarem passivos ou às margens, o bem comum não pode considerar-se plenamente alcançado. [...] Eis o alcance social do trabalho: a capacidade de envolver pessoas e de confiar responsabilidades, de forma a estimular a iniciativa, a criatividade e o compromisso".[123]

O que caracteriza um empresário justo é o seguinte: "A prática da justiça – ensina-nos com sabedoria os textos bíblicos – não se limita à abstenção das iniquidades ou ao cumprimento das leis (embora isto já seja muito!), mas vai ainda mais longe. É realmente justo quem, além de respeitar as regras, age com consciência e interesse para o bem de todos, não só para si. É justo quem se preocupa com o destino dos menos favorecidos e dos mais pobres, quem não se cansa de trabalhar e está pronto para inventar caminhos sempre novos: o da criatividade que é tão importante. A prática da justiça, nesse sentido pleno, é o que auspiciamos a cada agente econômico e a todos os cidadãos".[124]

Isso exige que o sistema econômico não gire em torno do lucro, mas do bem comum: "É necessário que a sociedade inteira, em todos os seus componentes, colabore para que haja *trabalho* para todos e que seja *digno* do homem e da mulher. Isto requer um modelo econômico que não seja organizado em função do capital e da produção, mas antes em função do *bem comum*".[125]

---

[123] Discurso aos membros da Federação Nacional dos Cavaleiros do Trabalho, 20 de junho de 2015.

[124] Ibid.

[125] Encontro com o Mundo do Trabalho, Turim, 21 de junho de 2015.

Essa é a razão por que interpela todos os poderes públicos e privados, e toda a sociedade, para que, com justiça, *solidariedade* e criatividade, se empenhem em resolver esse gravíssimo problema: "Que podemos fazer em face do gravíssimo problema do desemprego que atinge diversos países europeus? É a consequência de um sistema econômico que já não é capaz de criar trabalho, porque deu a prioridade a um ídolo, que se chama dinheiro! Portanto, as diversas entidades políticas, sociais e econômicas estão chamadas a favorecer uma organização diversa, baseada na justiça e na solidariedade. Esta palavra, neste momento, corre o risco de ser excluída do dicionário. Solidariedade: parece quase um palavrão! Não! A solidariedade é importante, mas a este sistema ela não agrada muito, prefere excluí-la. Esta solidariedade humana que garante a todos a possibilidade de desempenhar uma atividade laboral digna. O trabalho é um bem de todos, que deve estar à disposição de todos. Esta fase de grave dificuldade e de desemprego exige que seja enfrentada com os instrumentos da criatividade e da solidariedade. A criatividade de empresários e artesãos corajosos, que olham para o futuro com confiança e esperança. E a solidariedade entre todos os componentes da sociedade, que renunciam a algo, adotam um estilo de vida mais sóbrio, para ajudar quantos estão numa situação de necessidade".[126]

No primeiro encontro com as organizações populares, caracteriza a solidariedade em toda a sua amplitude e

---

[126] Discurso aos dirigentes e operários das aceirarias de Terni e aos fiéis da diocese, 20 de março de 2014. Referindo-se a João Paulo II, diz que a solidariedade é "uma das palavras-chave de seu magistério [...]. Uma palavra que alguém talvez tenha pensado que deveria enfraquecer-se, mas, na realidade, conserva hoje toda a sua força profética" (aos membros da Fundação João Paulo II, 25 de abril de 2015).

transcendência: "É pensar e agir em termos de comunidade, de prioridades da vida de todos sobre a apropriação dos bens por parte de alguns. É também lutar contra as causas estruturais da pobreza, a desigualdade, a falta de trabalho, a terra e a casa, a negação dos direitos sociais e laborais. É fazer face aos efeitos destruidores do império do dinheiro: as deslocações forçadas, as emigrações dolorosas, o tráfico de pessoas, a droga, a guerra, a violência e todas aquelas realidades que muitos de vós suportam e que todos estamos chamados a transformar. A solidariedade, entendida no seu sentido mais profundo, é uma forma de fazer história, e é isto que os movimentos populares fazem".[127]

Por exemplo, leva a perceber que servir cristãmente aos pobres não é dar-lhes algo, deixando-os em sua pobreza, mas ajudá-los a capacitar-se e a conseguir trabalho para que deixem de precisar de uma constante assistência: "Não é suficiente dar um sanduíche, se não estiver acompanhado da possibilidade de aprender a caminhar com os próprios pés. A caridade que deixa o pobre na mesma condição em que estava não é suficiente. A verdadeira misericórdia, que Deus nos concede e ensina, exige a justiça, pede que o pobre encontre o caminho para deixar de o ser. Pede – e pede-o a nós, Igreja, a nós, cidade de Roma, às instituições –, pede que ninguém volte a precisar de um refeitório, de um abrigo ocasional, de um serviço de assistência legal para ver reconhecido o próprio direito a viver e a trabalhar, a ser plenamente pessoa".[128]

---

[127] Aos participantes do Encontro Mundial de Movimentos Populares, 28 de outubro de 2014; visita à sede da FAO em Roma, por ocasião da II Conferência Internacional sobre Nutrição, 20 de novembro de 2014.

[128] Visita ao "Centro Astalli" de Roma para assistência aos refugiados, 10 de setembro de 2013.

De modo mais sistemático, diz a mesma coisa aos bispos da Coreia: "Esta solicitude deveria manifestar-se não somente através de iniciativas concretas de caridade – que são necessárias –, mas também no trabalho constante de promoção em nível social, ocupacional e educativo. Podemos correr o risco de reduzir o nosso empenhamento com os necessitados simplesmente a uma dimensão assistencial, ignorando a necessidade que tem cada um de crescer como pessoa – o direito que tem de crescer como pessoa – e poder expressar com dignidade a sua própria personalidade, criatividade e cultura".[129]

Estabelece isto também como tese: "Não se pode enfrentar o escândalo da pobreza promovendo estratégias de contenção que só tranquilizam e transformam os pobres em seres domesticados e inofensivos. Como é triste ver que, por detrás de presumíveis obras altruístas, o outro é reduzido à passividade, é negado ou, ainda pior, escondem-se negócios e ambições pessoais".[130]

É especialmente significativa a esse respeito a mensagem à Federação de Voluntários Cristãos: "... também alguns de vós acalentam expectativas diversas: aspiram a ser protagonistas, organizam-se e sobretudo praticam aquela solidariedade que existe entre quantos sofrem, entre os últimos. Vós estais chamados a acolher estes sinais dos tempos e a tornar-vos instrumento a serviço do protagonismo dos pobres. Solidariedade com os pobres significa pensar e agir em termos de comunidade, de prioridade da vida de todos sobre a apropriação dos bens por parte de alguns. Significa

---

[129] Encontro com os Bispos da Coreia, Seul, 14 de agosto de 2014.

[130] Aos participantes do Encontro Mundial de Movimentos Populares, 28 de outubro de 2014.

também lutar contra as causas estruturais da pobreza: a desigualdade, a falta de um trabalho e de uma casa, a negação dos direitos sociais e laborais. A solidariedade é um modo de fazer a história com os pobres, evitando presumíveis obras altruístas que reduzem o outro à passividade".[131]

Por isso pede aos cooperativistas: "Hoje, vós representais aqui experiências válidas em múltiplos setores: da valorização da agricultura à promoção da construção de novas casas para quem não as tem, das cooperativas sociais ao crédito cooperativo, aqui amplamente representado, da pesca à indústria, às empresas, às comunidades, ao consumo, à distribuição e a muitos outros tipos de serviço. Sei bem que esta lista é incompleta, mas é bastante útil para compreender como é precioso o método cooperativo, que deve ir em frente, ser criativo" [...]. Por isso deveis continuar a inventar – esta é a palavra: inventar – novas formas de cooperação, [...] as cooperativas devem ser o *motor que levanta e desenvolve a parte mais débil das nossas comunidades locais e da sociedade civil.* [...] Portanto, é necessário pôr em primeiro lugar a fundação de novas empresas cooperativas, juntamente com o ulterior desenvolvimento das já existentes", inclusive, neste tempo globalizado, "as cooperativas não podem permanecer fechadas em casa, nem sequer sair de casa como se não fossem cooperativas. É este o princípio duplo: não podem permanecer fechadas em casa, mas nem sequer sair de casa como se não fossem cooperativas".[132]

---

[131] À Federação de Organismos Cristãos de Serviço Internacional Voluntário (FOCSIV), 4 de dezembro de 2014.

[132] Aos representantes da Confederação Italiana de Cooperativas, 28 de fevereiro de 2015.

Citando a EG, explicita convincentemente quatro características do trabalho tal como Deus o quer, e temos que lutar para realizá-las: trabalho livre, criativo, participativo e solidário.[133]

Outro problema inadiável é o da *violência* que beira à guerra. Em primeiro lugar, o papa refere-se ao cinismo de falar de paz enquanto prolifera impunemente o *tráfico de armas*: "Todos falam de paz, todos declaram que a querem, mas infelizmente a proliferação de armamentos de todos os tipos conduz na direção oposta. O comércio das armas tem o efeito de complicar e afastar a solução dos conflitos, sobretudo porque se desenvolve e se realiza em grande medida fora da legalidade.

"Por conseguinte, penso que, enquanto estamos reunidos nesta Sede Apostólica, que, por sua natureza, desempenha um serviço especial pela causa da paz, podemos unir as nossas vozes ao auspiciar que a comunidade internacional impulsione uma nova fase de esforço concertado e corajoso contra o crescimento dos armamentos e para a sua redução."[134]

---

[133] Aos membros das Associações Cristãs de Trabalhadores Italianos (ACLI), por ocasião do 70º aniversário de sua fundação, 23 de maio de 2015.

[134] Aos novos embaixadores da Suíça, Libéria, Etiópia, Sudão, África do Sul e Índia, junto da Santa Sé, por ocasião da apresentação das Cartas Credenciais, 15 de maio de 2014. Assim diz aos refugiados do conflito sírio: "Todos queremos a paz! Mas, vendo este drama da guerra, vendo estas feridas, vendo tantas pessoas que deixaram a sua pátria, que foram forçadas a partir, eu pergunto-me: quem vende as armas a esta gente para fazer a guerra? Eis aqui a raiz do mal! O ódio e a avidez do dinheiro, no fabrico e na venda das armas. Isto deve-nos fazer pensar em quem está por detrás, que fornece, a todos aqueles que estão em conflito, as armas para continuar o conflito! Pensamos e, do fundo do nosso coração, dizemos também uma palavra a essa pobre gente criminosa: que se converta" (Encontro com os Refugiados

Dói-lhe terrivelmente, e denuncia, e pede que se denuncie o fato de que seres humanos sejam sacrificados a interesses econômicos e estratégicos: "No entanto, seria necessário envidar mais um esforço para eliminar aqueles que se assemelham com acordos tácitos para os quais a vida de milhares de famílias – mulheres, homens, crianças e idosos –, na balança dos interesses, parece pesar menos do que o petróleo e as armas e, enquanto se proclamam a paz e a justiça, tolera-se que os traficantes de morte ajam naquelas terras. Por conseguinte, enquanto dais continuidade ao serviço da caridade cristã, encorajo-vos a denunciar aquilo que despreza a dignidade do homem".[135]

O papa insiste em que temos de abrir os olhos e aceitar que estamos em *guerra* e que Deus não quer a guerra por

---

e com Jovens Deficientes, Betânia, junto ao Jordão, Igreja Latina, 24 de maio de 2014). Em seu Encontro com as Autoridades em Seul, reflete principalmente sobre o dom da paz do qual os jovens devem ser portadores, além dos esforços das autoridades (Encontro com as Autoridades, Seul, 14 de agosto de 2014). Diz a mesma coisa ao Conselho da Europa: o terrorismo religioso alimenta-se do tráfico impune de armas (Discurso ao Conselho da Europa, Estrasburgo, 25 de novembro de 2014). "Mas estou convencido de que estamos a viver uma terceira guerra mundial aos pedaços, em capítulos, por todo o lado. Por trás disso, há inimizades, problemas políticos, problemas econômicos – não só, mas há muitos interesses que pretendem salvar este sistema onde o deus-dinheiro está no centro, e não a pessoa humana – e comerciais. O tráfico das armas é terrível; é um dos negócios mais lucrativos neste momento. E creio que é por isso que se multiplica esta realidade, porque existem as armas" (Conferência de Imprensa no voo de regresso da Turquia, 30 de novembro de 2014). "Os que fabricam e vendem armas não querem a paz, porque vivem para o dinheiro" (Diálogo com as crianças e jovens das escolas italianas participantes da manifestação promovida pela "Fábrica da Paz", 11 de maio de 2015).

[135] Aos participantes na Assembleia da 88ª Reunião das Obras de Ajuda às Igreja Orientais (ROACO), 15 de junho de 2015.

nenhum motivo.[136] Diante desse modo desumano e devastador de lidar com as diferenças e os conflitos, o Papa Francisco coloca como alternativa cristã o *diálogo*: "No mundo e nas sociedades existe pouca paz, também porque falta diálogo e há dificuldade de sair do horizonte limitado dos próprios interesses, para se abrir a um confronto verdadeiro e sincero. Para que haja paz, é preciso um diálogo persistente, paciente, forte e inteligente, com o qual nada está perdido. O diálogo pode vencer a guerra. O diálogo faz viver juntas, pessoas de diferentes gerações, que muitas vezes se ignoram umas às outras; faz viver juntos, cidadãos de diversas proveniências étnicas, de várias convicções. O diálogo é o caminho da paz, porque favorece o entendimento, a harmonia, a concórdia e a paz. Por isso, é vital que cresça, que se dilate no meio de pessoas de todas as condições e convicções, como uma rede que protege o mundo e os mais frágeis".[137]

---

[136] "Hoje já ninguém duvida que o mundo está em guerra. E ninguém duvida, naturalmente, que o mundo está em desacordo. Portanto, é necessário propor de qualquer forma uma cultura do encontro" (aos participantes do Encontro Mundial dos Diretores de "Scholas Occurrentes", 4 de setembro de 2014). Continua a insistir, destacando a crueldade das guerras atuais, nas quais se mata massiva e indiscriminadamente, e como, na prática, legalizou-se a tortura que, como a guerra, é um crime contra a humanidade (Encontro com os Jornalistas, durante o voo de regresso da Coreia a Roma, em 18 de agosto de 2014). "Há pouco disse, e repito-o, que estamos a viver a terceira guerra mundial, mas por etapas. Há sistemas econômicos que para sobreviver devem fazer a guerra. Então fabricam-se e vendem-se armas e, assim, os balanços das economias que sacrificam o homem aos pés do ídolo do dinheiro obviamente estão *salvos*. [...] Hoje, queridos irmãos e irmãs, eleva-se de todas as partes da terra, de cada povo, de cada coração e dos movimentos populares, o brado da paz: nunca mais a guerra!" (aos participantes no Encontro Mundial dos Movimentos Populares, 28 de outubro de 2014); Encontro com os Jornalistas, durante o voo de regresso da Coreia a Roma, em 18 de agosto de 2014; ao corpo diplomático acreditado junto da Santa Sé, 12 de janeiro de 2015.

[137] Discurso no Encontro Internacional para a Paz, organizado pela Comunidade de Santo Egídio, 30 de setembro de 2013.

Devem-se destacar as palavras tão concretas, pertinentes e moderadas, a fim de pôr fim ao conflito entre israelitas e palestinos.[138]

Por isso, citando Bento XVI, pede e espera que, mediante o diálogo, prevaleça "'a força moral do direito' sobre a força 'material das armas [...] e seja 'possível desenvolver uma comunhão nas diferenças'".[139]

Esse caminhar juntos, respeitando os direitos de todos, reconhecido pela lei e pela prática jurídica, construindo, assim, a paz, é o que pede às autoridades em sua visita à Turquia: "Precisamos de um diálogo que aprofunde o conhecimento e valorize, com discernimento, as inúmeras coisas que temos em comum e que nos permita, ao mesmo tempo, considerar com ânimo sábio e sereno as diferenças para podermos também aprender com elas.

"É preciso levar em diante, com paciência, o compromisso de construir uma paz sólida, assente no respeito pelos direitos fundamentais e deveres ligados com a dignidade do homem. Por essa estrada, é possível superar os preconceitos e falsos temores, deixando, ao contrário, espaço à estima, ao encontro, ao desenvolvimento das melhores energias em proveito de todos.

---

[138] Encontro com as Autoridades Palestinas, Belém, 25 de março de 2014; também as inspiradíssimas palavras nos jardins do Vaticano, no Encontro de Oração entre os Presidentes de Israel e da Palestina, 8 de junho de 2014. Para o comentário sobre essa oração conjunta, veja-se a resposta a uma pergunta, no voo de regresso da Coreia a Roma, sobre se havia sido um fracasso, 18 de agosto de 2014. "Que se possam retomar as negociações entre as duas partes, visando a acabar com as violências e chegar a uma solução que permita tanto ao povo palestiniano como ao povo israelita viver finalmente em paz, dentro de fronteiras claramente estabelecidas e reconhecidas internacionalmente, tornando-se real a 'solução de dois Estados'" (ao corpo diplomático acreditado junto da Santa Sé, 12 de janeiro de 2015.

[139] Ao corpo diplomático acreditado junto da Santa Sé, 13 de janeiro de 2014.

"Para isso, é fundamental que os cidadãos muçulmanos, judeus e cristãos – tanto nas disposições legais como na sua efetiva atuação – gozem dos mesmos direitos e respeitem os mesmos deveres. Assim, hão de mais facilmente se reconhecer como irmãos e companheiros de viagem, afastando cada vez mais as incompreensões e favorecendo a colaboração e o acordo. A liberdade religiosa e a liberdade de expressão, eficazmente garantidas a todos, estimularão o florescimento da amizade, tornando-se um sinal eloquente de paz."[140]

Por isso, chega a pedir, por exemplo, aos cristãos do Sri Lanka, que cheguem a "colaborar com o adversário de ontem para construir juntos o amanhã", que "é o único caminho que nos dá esperança de futuro, esperança de desenvolvimento e esperança de paz".[141] Diz a mesma coisa ao episcopado de Ruanda: "Daqui a poucos dias Ruanda comemorará o vigésimo aniversário do início do horrível genocídio que provocou tantos sofrimentos e feridas, que ainda estão longe de terem sido cicatrizadas. Uno-me de todo o coração ao luto nacional, enquanto vos garanto a minha prece por vós, pelas vossas comunidades muitas vezes dilaceradas, por todas as vítimas e pelas suas famílias, assim como por todo o povo ruandês, sem distinção de religião, etnia ou opção política.

---

[140] Encontro com as Autoridades, Ancara, 28 de novembro de 2014; *bênção* ecumênica e assinatura de uma declaração conjunta, Istambul, 30 de novembro de 2014.

[141] Aos fiéis procedentes do Sri Lanka, por ocasião do 75º aniversário da Consagração da Igreja em Sri Lanka a Virgem Maria, 8 de fevereiro de 2014. Amplia o tema na saudação às autoridades durante a viagem àquele país, onde especifica as condições da reconstrução e da reconciliação nacionais (Cerimônia de boas-vindas, Aeroporto Internacional de Colombo, 13 de janeiro de 2015).

"Vinte anos depois daqueles acontecimentos trágicos, a reconciliação e cura das feridas permanecem certamente a prioridade da Igreja em Ruanda."[142] Por esse motivo, adverte os bispos do Gabão contra o tribalismo que desgarra a família de Deus, e lhes pede que se "transmita aos fiéis o sentido de Igreja como família de Deus. Ela deve mostrar-se, sobretudo, através de uma real preocupação de se imunizar contra o perigo pernicioso das considerações tribais e étnicas discriminatórias que são a negação do Evangelho". Por isso, "a formação dos seminaristas devem ancorar-se antes de tudo no Evangelho e, depois, nos verdadeiros valores culturais do seu país, no sentido de honestidade, na responsabilidade e na palavra dada (cf. *Ecclesia in Africa*, 95)".[143]

De maneira mais geral, o papa pede que se respeite o direito à *liberdade religiosa*, desde a busca honrada do sentido e dos fundamentos da existência, até professar e viver, cada um, suas convicções religiosas privada e publicamente, respeitando as dos outros, e dirigindo tudo ao bem comum. Eis uma vergonha que deve ser superada: a perseguição sistemática por motivos religiosos, da qual são vítimas majoritariamente os cristãos, que têm hoje mais mártires do que no Império Romano.[144]

O oposto do encontro e do diálogo é a intolerância que leva até a perseguição das minorias diferentes e ao recruta-

---

[142] Aos bispos de Ruanda, por ocasião da visita *"ad limina apostolorum"*, 3 de abril de 2014.

[143] Aos bispos da Conferência Episcopal do Gabão, por ocasião da visita *"ad limina apostolorum"*, 3 de abril de 2014.

[144] Cf. Discurso aos participantes do Congresso Internacional "Liberdade Religiosa Segundo o Direito Internacional e o Conflito Global dos Valores", 20 de junho de 2014.

mento forçado de jovens e até de crianças.[145] Daí os milhões de *refugiados* pelos quais o papa roga constantemente: "Os refugiados, como vós, frequentemente encontram-se privados, às vezes por longo tempo, de bens primários: uma habitação digna, a assistência sanitária, a educação, o trabalho. Tiveram de abandonar não apenas coisas materiais, mas sobretudo a liberdade, a proximidade dos familiares, o seu ambiente de vida e as tradições culturais. As condições degradantes, em que muitos refugiados têm de viver, são intoleráveis! Por isso, é preciso fazer todo o esforço para remover as causas desta realidade. Faço apelo a uma maior convergência internacional que tenha em vista resolver os conflitos que ensanguentam as vossas terras de origem, contrastar as outras causas que impelem as pessoas a deixar a sua pátria, e promover as condições que lhes permitam permanecer ou regressar. Encorajo, quantos estão a trabalhar generosa e lealmente pela justiça e a paz, a que não desanimem. Faço apelo aos líderes políticos para terem em conta que a grande maioria das suas populações aspira pela paz, embora às vezes não tenha mais força nem voz para a pedir!".[146]

A alternativa ao terrorismo é a solidariedade de todos os crentes, baseada no reconhecimento dos direitos humanos e empenhada na tarefa comum de conquistar uma vida digna e sustentável: "Senhor presidente, uma contribuição importante para se alcançar meta tão elevada e urgente pode vir

---

[145] "Penso de modo particular com terror nas crianças e jovens, recrutados à força nas milícias e obrigados a matar os seus compatriotas!" (aos bispos da Conferência Episcopal da República Democrática do Congo, em visita *"ad limina apostolorum"*, 12 de setembro de 2014.

[146] Saudação aos jovens refugiados assistidos pelos salesianos, 30 de novembro de 2014; à Federação de Organismos Cristãos de Serviço Internacional Voluntário (FOCSIV), 4 de dezembro de 2014.

do diálogo inter-religioso e intercultural, a fim de banir toda a forma de fundamentalismo e de terrorismo, que humilha gravemente a dignidade de todos os seres humanos e instrumentaliza a religião.

"Ao fanatismo e ao fundamentalismo, às fobias irracionais que incentivam incompreensões e discriminações, é preciso contrapor a solidariedade de todos os crentes – que tenha como pilares o respeito pela vida humana, pela liberdade religiosa, que é liberdade do culto e liberdade de viver segundo a ética religiosa –, o esforço por garantir a todos o necessário para uma vida digna, e o cuidado do meio ambiente.

"[A solução de fundo é] destinar finalmente os recursos, não aos armamentos, mas às verdadeiras lutas dignas do homem: a luta contra a fome e as doenças, a luta pelo desenvolvimento sustentável e a defesa da criação, em socorro de tantas formas de pobreza e marginalização que não faltam sequer no mundo moderno."[147]

O *respeito* e o *perdão* devem vencer tais atitudes que estão provocando tanto sofrimento: "Hoje, gostaria de frisar como o problema da intolerância deve ser enfrentado no seu conjunto: onde uma minoria qualquer é perseguida e marginalizada por causa das suas convicções religiosas ou étnicas, o bem de toda uma sociedade permanece em perigo e todos nós devemos sentir-nos chamados em causa. Penso com particular amargura nos sofrimentos, na marginalização e nas autênticas perseguições que não poucos cristãos continuam a padecer em vários países do mundo. Unamos as nossas forças para favorecer uma cultura do encontro, do respeito, da compreensão e do perdão recíprocos".[148]

---

[147] Encontro com as Autoridades, Ancara, 28 de novembro de 2014.

[148] A uma delegação do "Simon Wiesenthal Center", 24 de outubro de 2013.

O papa aplica esses princípios aos cristãos aos quais querem fazer desaparecer do Oriente Médio, onde têm vivido durante dois mil anos. Pede que se lhes permita viver para que sejam fonte de confluência entre as diversas culturas: "Uma grande preocupação é causada pelas condições de vida dos cristãos, que em muitas partes do Médio Oriente sofrem de maneira particularmente grave as consequências das tensões e dos conflitos em ato. A Síria, o Iraque, o Egito e outras áreas da Terra Santa, às vezes derramam lágrimas. O bispo de Roma não estará em paz enquanto houver homens e mulheres, de qualquer religião, feridos na sua dignidade, desprovidos do necessário para a sobrevivência, privados do futuro, obrigados à condição de prófugos e refugiados. Hoje, juntamente com os pastores das Igrejas do Oriente, dirigimos um apelo a fim de que seja respeitado o direito de todos a uma vida digna e a professar livremente a própria fé. Não nos resignemos a pensar no Médio Oriente sem os cristãos, que há dois mil anos confessam o nome de Jesus, inseridos plenamente como cidadãos na vida social, cultural e religiosa das nações às quais pertencem.

"O sofrimento dos mais pequeninos e dos mais frágeis, com o silêncio das vítimas, levanta uma interrogação insistente: 'Quanto falta da noite?' (Is 21,11). Continuemos a vigiar, como a sentinela bíblica, convictos de que o Senhor não nos fará faltar a sua ajuda. Por isso, dirijo-me à Igreja inteira para a exortar à oração, que sabe alcançar do coração misericordioso de Deus a reconciliação e a paz. A oração desarma a ignorância e gera diálogo onde existe conflito. Se for sincera e perseverante, tornará a nossa voz mansa e firme, capaz de se fazer ouvir também pelos responsáveis das nações."[149] Pede e espera o mesmo dos países da África[150] e da Ásia. O fundamental, em cada caso, é que prevaleça o bem comum, que conjuga as diferenças.

Contudo, não se pode combater o fanatismo com uma agressão massiva, muito menos se a iniciativa for tomada por uma nação poderosa, da qual, legitimamente, pode-se suspeitar de intenções imperialistas. Nesses casos, o caminho são as Nações Unidas. O papa aplica-o aos bombardeios ao Estado islâmico na Síria e no Iraque.[151]

---

[149] Aos participantes na plenária da Congregação para as Igrejas Orientais, 21 de novembro de 2013; aos participantes na Assembleia da 88ª Reunião das Obras de Ajuda às Igreja Orientais (ROACO), 26 de junho de 2014; Consistório ordinário público, 20 de outubro de 2014; bênção ecumênica e assinatura de uma declaração conjunta, Istambul, 30 de novembro de 2014. Por isso, rezou em uma mesquita da Turquia: "'Rezamos um bocado?'. 'Sim, sim!'. – disse ele. E rezei... pela Turquia, pela paz, pelo mufti... por todos... por mim, que bem preciso... Rezei verdadeiramente. E sobretudo rezei pela paz, disse: 'Senhor, acabemos com a guerra!'. Assim mesmo. Foi um momento de oração sincera" (Conferência de imprensa no voo de regresso da Turquia, 30 de novembro de 2014. À sua beatitude Ignace Youssif III Younan, patriarca de Antioquia dos sírios, junto com os bispos e fiéis da comunidade siro-antioquena, 12 de dezembro de 2014; aos membros do corpo diplomático acreditado junto da Santa Sé, 12 de janeiro de 2015.

[150] Aos membros do corpo diplomático acreditado junto da Santa Sé, 12 de janeiro de 2015.

[151] "Nestes casos, em que há uma agressão injusta, posso apenas dizer que é lícito fazer parar o agressor injusto. Sublinho o verbo: fazer parar. Não digo bombardear, fazer a guerra, mas fazê-lo parar. Os meios, pelos quais se pode fazê-lo parar, deverão ser avaliados. Parar o agressor injusto é lícito. Mas devemos também usar a memória! Quantas vezes, com esta desculpa de parar o agressor injusto, as potências se apoderaram dos povos e fizeram uma verdadeira guerra de conquista! Uma nação sozinha não pode julgar como se para um agressor injusto. Depois da II Guerra Mundial, afirmou-se a ideia das Nações Unidas: é lá que se deve discutir" (Encontro com os Jornalistas, durante o voo de regresso da Coreia a Roma, 18 de agosto de 2014); com os jornalistas no voo de regresso de Estrasburgo, 25 de novembro de 2014. "O Médio Oriente, de modo particular, é, *há demasiado tempo*, teatro de guerras fratricidas, que parecem nascer uma da outra, como se a única

Tampouco se pode combater buscando bodes expiatórios coletivos que seriam os causadores de todos os males, e que deveriam ser destruídos, quando se teriam de buscar as verdadeiras causas e remediá-las: "Além disso há por vezes a tendência a construir deliberadamente inimigos: figuras estereotipadas, que concentram em si todas as características que a sociedade sente ou interpreta como ameaçadoras. Os mecanismos de formação destas imagens são os mesmos que, outrora, permitiram a expansão das ideias raciais.

"[Pensa-se que, destruindo-os], se possam obter aqueles benefícios que exigiriam a implementação de outro tipo de política social, econômica e de inclusão social."[152]

Em visita à Turquia, o presidente queixou-se da islamofobia. Para grande parte do Ocidente, ela deve-se ao terrorismo. Por isso, o papa repetiu-lhe mais de uma vez que, para cortar essa opinião pela raiz, certamente infundada para o papa, "Seria bom que todos os líderes islâmicos – sejam eles políticos, religiosos ou acadêmicos – falassem claramente e condenassem aqueles atos, porque isso ajudaria a maioria do povo islâmico a dizer 'não'. Isso, porém, dito verdadeiramente pela boca dos seus líderes: o líder religioso, o líder acadêmico – há tantos intelectuais – e os líderes políticos".[153]

---

resposta possível à guerra e à violência tivesse de ser sempre uma nova guerra e outra violência [...]. Não se pode confiar a resolução do problema somente à resposta militar" (Encontro com as Autoridades, Ancara, 28 de novembro de 2014).

[152] À delegação da Associação Internacional de Direito Penal, 23 de outubro de 2014.

[153] Conferência de imprensa no voo de regresso da Turquia, 30 de novembro de 2014. Isso seria certamente muito útil e proveitoso para a causa do islã, mas também o Ocidente teria de reconhecer que a islamofobia, principalmente na forma de desprezo e opressão, vem de muito antes e está entre as

Para o papa, é também uma violência inumana a pena de morte: "É impossível imaginar que hoje os Estados não possam dispor de outro meio, que não seja a pena capital, para defender a vida de outras pessoas do agressor injusto". Enfatiza como tanto João Paulo II quanto o *Catecismo da Igreja Católica* a condenam e observa que, no entanto, em todas nações é aplicada, pelo menos como execução extrajudicial. Portanto, conclui: "Todos os cristãos e homens de boa vontade estão chamados hoje a lutar não só pela abolição da pena de morte, legal ou ilegal, e em todas as suas formas, mas também para melhorar as condições carcerárias, no respeito pela dignidade humana das pessoas privadas da liberdade. E relaciono à prisão perpétua. No Vaticano, há pouco tempo, a prisão perpétua deixou de existir no Código Penal. A prisão perpétua é uma pena de morte escondida". Também condena como violência injusta e intolerável o abuso da prisão preventiva, que é de tal sorte que, em alguns países, mais da metade dos presos não foram condenados, bem como as condições subumanas de reclusão, que ele qualifica de "aspecto desumano e degradante", a tortura e o sequestro.[154]

De maneira mais ampla, insiste em que é mais fácil prender do que reabilitar; no entanto, o caminho é este último, que é o que não se costuma praticar.[155]

---

causas do fundamentalismo terrorista islâmico. Por isso que, se os líderes ocidentais se desvencilhassem dessa opinião, ajudariam a que os islâmicos fizessem o mesmo em relação ao terrorismo.

[154] À delegação da Associação Internacional de Direito Penal, 23 de outubro de 2014.

[155] A uma menina, cujo pai estava na prisão e lhe havia perguntado se Deus perdoa, diz: "Ouvi bem isto: Deus perdoa tudo! Entendestes? Somos nós que não sabemos perdoar. Somos nós que não encontramos caminhos de perdão, muitas vezes pela incapacidade ou porque – o pai da menina que

Outra forma de violência que o papa enfrenta abertamente é a da *máfia*: "O desejo que sinto é de compartilhar convosco *uma esperança*, que é a seguinte: que *o sentido de responsabilidade prevaleça gradualmente sobre a corrupção*, em todas as partes do mundo... E isto deve começar a partir de dentro, das consciências, e dali purificar os comportamentos, as relações, as escolhas e o tecido social, de tal maneira que a justiça adquira espaço, se amplie, se radique e tome o lugar da iniquidade.

"Em particular, quero manifestar a minha *solidariedade a quantos de vós perderam uma pessoa querida*, vítima da violência mafiosa. Obrigado pelo vosso testemunho, porque não vos fechastes, porque vos abristes, saístes para narrar a vossa história de sofrimento e de esperança. Isso é muito importante, especialmente para os jovens!

"Gostaria de rezar convosco – e faço-o de coração – por todas as vítimas das máfias. [...] Mas, ao mesmo tempo, oremos juntos, todos juntos, para pedir a força de ir em frente, de não perder a coragem, mas de *continuar a lutar contra a corrupção*.

"E sinto que não posso terminar sem dizer uma palavra aos grandes ausentes hoje, aos protagonistas ausentes: aos

---

me dirigiu esta pergunta encontra-se na prisão — é mais fácil encher os cárceres do que ajudar a ir em frente quantos cometeram erros na vida. A solução mais fácil? A prisão! E sem o perdão. Mas o que significa perdoar? Caíste? Levanta-te! Ajudar-te-ei a erguer-te, a inserir-te novamente na sociedade. Há sempre o perdão, e nós devemos aprender a perdoar, mas assim: ajudando a inserir de novo quantos erraram. [...] E este trabalho é muito difícil, porque é mais fácil descartar da sociedade uma pessoa que cometeu um erro grave e condená-la à morte, fechando-a numa prisão perpétua... O esforço deve consistir sempre em inserir-se de novo, em não permanecer 'no chão'" (Diálogo com as crianças e jovens das escolas italianas participantes da Manifestação promovida pela "Fábrica da Paz", 11 de maio de 2015).

homens e às mulheres mafiosos. Por favor, mudai de vida, convertei-vos, detende-vos e não pratiqueis mais o mal! E nós rezamos por vós. Convertei-vos, peço-vos de joelhos, é para o vosso bem! Esta vida que levais agora não vos dará prazer, nem alegria, nem felicidade! O poder, o dinheiro que agora recebeis de tantos negócios sujos, de crimes mafiosos, é dinheiro ensanguentado, é poder ensanguentado, e não conseguireis levá-lo para a outra vida. Convertei-vos, ainda tendes tempo para não acabar no inferno!"[156]

Outra forma de violência com a qual não podemos resignar-nos é a *fome* profundamente entranhada,[157] provocada pela devastação deixada pela guerra, pela falta de oportunidades, com a penúria e o desgaste que traz consigo, e a emigração, que deixa mais desesperançados os que ficam.[158] Mundialmente, essa situação não é solucionada porque outras prioridades fazem com que a da alimentação e a da vida não sejam realmente consideradas: "A luta contra a fome e a subalimentação é obstada pela 'prioridade de mercado' e pela 'primazia do lucro', que reduziram os alimentos a uma mercadoria qualquer, sujeita a especulações, até financeiras.

---

[156] Discurso no Encontro com a Associação "Libera", que reúne familiares das vítimas da criminalidade organizada e voluntários, 21 de março de 2014. "Os gestos de religiosidade exteriores não são suficientes para acreditar como crentes aqueles que, com a sua maldade e arrogância típica dos delinquentes, fazem da ilegalidade o seu estilo de vida. A quantos escolheram o caminho do mal e se afiliaram a organizações criminosas, renovo o apelo urgente à conversão!" (aos participantes na peregrinação da Diocese de Cassano All'Jonio, 21 de fevereiro de 2015).

[157] À delegação da Associação Internacional de Direito Penal, 23 de outubro de 2014; aos participantes do Encontro Mundial de Movimentos Populares, 28 de outubro de 2014.

[158] Aos bispos da Conferência Episcopal de Bósnia e Herzegovina, em visita *"ad limina apostolorum"*, 16 de março de 2015.

E, quando se fala de novos direitos, o faminto está ali, na esquina da rua, e pede o direito de cidadania, pede para ser considerado na sua condição, para receber uma alimentação básica sadia. Pede-nos dignidade, não esmola".

O papa insta a que se coloquem em primeiro lugar os direitos fundamentais das pessoas: "Os planos de desenvolvimento e o trabalho das organizações internacionais deveriam ter em consideração o desejo, tão frequente entre o povo comum, de ver respeitados em todas as circunstâncias os direitos fundamentais da pessoa humana e, no nosso caso, da pessoa que tem fome. Quando isso acontecer, também as intervenções humanitárias, as ações urgentes de ajuda e de desenvolvimento – o verdadeiro, integral – terão maior impulso e darão os frutos desejados".

O fenômeno da morte pela fome é tão intenso e fere tanto as consciências, que os que absolutizam seu modo de vida, inventam mil desculpas: "Há poucos temas sobre os quais se exibem tantos sofismas como a fome; e poucos argumentos tão susceptíveis de ser manipulados pelos dados, pelas estatísticas, pelas exigências de segurança nacional, pela corrupção ou por uma chamada dolorosa à crise econômica. [...] Se se acredita no princípio da unidade da família humana, fundado na paternidade de Deus Criador e na fraternidade dos seres humanos, nenhuma forma de pressão política ou econômica que se sirva da disponibilidade de alimentos pode ser aceitável".[159]

O que ele diz a respeito dos alimentos, di-lo da água. Por isso, faz essa advertência que pode soar brutal, mas brutal mesmo é o fato que afirma: a crescente apropriação privada dos

---

[159] Visita à sede da FAO em Roma, por ocasião da II Conferência Internacional sobre Nutrição, em 20 de novembro de 2014.

aquíferos: "A água não é grátis, como muitas vezes pensamos. Será o grave problema que nos pode levar a uma guerra".[160]

Enquanto isso, a fome conduz à *emigração massiva* e aos campos de refugiados quase sem esperança, porque ninguém os acolhe. Tudo isso agravado por essas formas de intolerância: "A paz é ferida ainda por toda e qualquer negação da dignidade humana e, primariamente, pela impossibilidade de se alimentar de forma suficiente. Não podem deixar-nos indiferentes os rostos de quantos padecem de fome, sobretudo das crianças, se pensarmos quanta comida é desperdiçada cada dia em tantas partes do mundo, mergulhadas naquela que já várias vezes defini como a 'cultura do descarte'. Infelizmente, objeto de descarte não são apenas os alimentos ou os bens supérfluos, mas muitas vezes os próprios seres humanos, que acabam 'descartados' como se fossem 'coisas desnecessárias'.

"Não pode deixar-nos insensíveis o drama das multidões forçadas a fugir da carestia ou das violências e abusos, particularmente no Corno da África e na região dos Grandes Lagos. Muitos deles vivem como deslocados ou refugiados em campos onde já não são considerados pessoas, mas cifras anônimas. Outros, com a esperança de uma vida melhor, empreendem viagens de fortuna, que não raro terminam tragicamente. Refiro-me de modo particular aos numerosos emigrantes que, da América Latina, se dirigem para os Estados Unidos, mas sobretudo a quantos, da África ou do Médio Oriente, buscam refúgio na Europa."[161]

---

[160] Saudação ao pessoal da FAO, 20 de novembro de 2014.

[161] Ao corpo diplomático acreditado junto da Santa Sé, 13 de janeiro de 2014. Em sua alocução aos participantes no VII Congresso Mundial para a Pastoral dos Migrantes, 21 de novembro de 2014, descreve o horizonte de fundo,

O papa insiste em que não basta enfrentar as situações críticas, mas que é chegada a hora de enfrentar de modo estrutural o problema das migrações: "Outro desafio à paz que está diante dos nossos olhos, e que adquire em certas regiões e em certos momentos o caráter de uma verdadeira tragédia humana, é o das migrações forçadas. Trata-se de um fenômeno muito complexo, e é necessário reconhecer que estão a ser realizados esforços notáveis da parte das organizações internacionais, dos Estados, das forças sociais, assim como das comunidades religiosas e do voluntariado, para procurar responder de forma civil e organizada aos aspectos mais críticos, às emergências, às situações de maior necessidade. Mas, também a este propósito, damo-nos conta de que não podemos limitar-nos a resolver as emergências. O fenômeno já se manifestou em toda a sua amplitude e com o seu caráter, por assim dizer, epocal. Chegou a hora de o enfrentar com um olhar político sério e responsável, que envolva todos os níveis:

---

os motivos, os benefícios aos países anfitriões e de saída, e as crescentes dificuldades, assim com o papel que a Igreja está desempenhando, e a fonte que deve motivar esse desempenho. Solicita veementemente, junto aos bispos da República Dominicana, que se dediquem a resolver o problema dos emigrantes haitianos: "A atenção pastoral e caritativa aos imigrantes, sobretudo a quantos provêm do vizinho Haiti, que procuram melhores condições de vida, não admite a indiferença dos pastores da Igreja. É necessário continuar a colaborar com as autoridades civis para encontrar soluções concretas para os problemas de quantos estão desprovidos dos documentos ou são privados dos seus direitos fundamentais. É inadmissível não promover iniciativas de fraternidade e de paz entre as duas nações que dão forma a essa bonita Ilha do Caribe. É importante saber integrar os imigrantes na sociedade e acolhê-los na comunidade eclesial. Agradeço-vos porque estais próximos deles e de todos os que sofrem, como gesto da solicitude amorosa pelo irmão que se sente sozinho e abandonado, com o qual Cristo se identificou" (aos bispos da Conferência Episcopal da República Dominicana, em visita "*ad limina apostolorum*", 28 de maio de 2015).

global, continental, de macrorregião, de relações entre as nações, até o nível nacional e local".[162]

Outra violência que degrada o ser humano e se converte em uma tremenda tentação devido aos lucros exorbitantes que gera é o *narcotráfico*. O papa obstina-se em que é preciso combatê-lo sem complacência. Que a solução para o problema não é legalizar de um modo ou de outro o consumo. A única solução é, além da reabilitação dos dependentes, criar oportunidades de superação humanizadora para todos os jovens.[163]

Outra violência triunfante e que comumente escapa ao direito penal é a *corrupção*, principalmente a dos grandes, quer políticos, quer investidores. O papa traça uma fenomenologia bastante acurada do corrupto e de como se deve tratá-lo. Lamenta-se de que os tratados internacionais se orientem "a proteger não tanto os cidadãos, que afinal são as últimas vítimas – em particular os mais vulneráveis –, quanto a tutelar os interesses dos agentes dos mercados econômicos e financeiros.

"A sanção penal é seletiva. É como uma rede que captura só os peixes pequenos, e deixa os grandes em liberdade no mar."[164]

---

[162] Aos novos embaixadores da Suíça, Libéria, Etiópia, Sudão, Jamaica, África do Sul, Índia, junto da Santa Sé, por ocasião da apresentação das Cartas Credenciais, 15 de maio de 2014.

[163] Aos participantes da 31ª edição da International Drug Enforcement Conference, 21 de junho de 2014.

[164] Discurso à delegação da Associação Internacional de Direito Penal, 23 de outubro de 2013. "Estamos chamados a dizer 'não' *à corrupção*, tão difundida que parece ser uma atitude, um comportamento normal. Mas não com palavras, com ações. 'Não' às convivências mafiosas, às fraudes, aos subornos e coisas deste gênero" (Encontro com o Mundo do Trabalho, 21 de junho de 2015).

Outra forma de violência é a *exploração de recursos naturais* que degrada a natureza: "Por fim, desejo mencionar outra ferida à paz, que deriva da ávida exploração dos recursos ambientais. Embora 'a natureza esteja à nossa disposição', com muita frequência 'não a respeitamos, nem a consideramos como um dom gratuito de que devemos cuidar e colocar a serviço dos irmãos, incluindo as gerações futuras'. Também neste caso, há que chamar em causa a responsabilidade de cada um para que, com espírito fraterno, se persigam políticas respeitadoras desta terra, que é a casa de cada um de nós".[165]

Para o Papa Francisco, a mãe das violências é que o *dinheiro*, em vez de servir aos seres humanos, converte-se no senhor a quem os seres humanos servem e a quem seus sacerdotes, os grandes investidores, sacrificam a vida das grandes maiorias. Por isso, pede aos responsáveis que ponham fim a essas operações especulativas e que se consolide outro sistema no qual se possam conjugar o lucro e a solidariedade: "O *impact investor* configura-se como um investidor consciente da existência de situações de iniquidade graves, de desigualdades sociais profundas e das penosas condições de desvantagem nas quais se encontram populações inteiras. Ele dirige-se a instituições financeiras que utilizam os recursos para promover o desenvolvimento econômico e social das populações pobres, com fundos de investimentos destinados a satisfazer as suas necessidades básicas ligadas à agricultura, ao acesso

---

[165] Ao corpo diplomático acreditado junto da Santa Sé, 13 de janeiro de 2014; aos participantes do Encontro Mundial de Movimentos Populares, 28 de outubro de 2014; à Federação de Organismos Cristãos de Serviço Internacional Voluntário (FOCSIV), 4 de dezembro de 2014; ao presidente da República italiana, Sergio Mattarella, 18 de abril de 2015.

à água, à possibilidade de dispor de alojamentos dignos a preços acessíveis, bem como de serviços primários para a saúde e a educação.

"Tais investimentos pretendem produzir um impacto social positivo para as populações locais, como a criação de postos de trabalho, o acesso à energia, à instrução e ao crescimento da produtividade agrícola. Os lucros financeiros para os investidores são inferiores em relação a outras tipologias de investimento.

"A lógica que anima essas formas inovadoras de intervenção é a que 'reconhece o vínculo original entre lucro e solidariedade, a existência de uma circularidade fecunda entre lucro e dom... Tarefa dos cristãos é redescobrir, viver e anunciar a todos essa preciosa e originária unidade entre lucro e solidariedade. Como tem necessidade o mundo contemporâneo de descobrir essa bela realidade!' (prefácio ao livro do Cardeal G. Müller, *Povera per i poveri. La missione della Chiesa*). Disso temos deveras necessidade.

"É importante que a ética reencontre o seu espaço nas finanças e que os mercados se ponham a serviço dos interesses dos povos e do bem comum da humanidade. Não podemos mais tolerar por muito tempo que os mercados financeiros governem o destino dos povos, em vez de servir as necessidades, ou que poucos prosperem recorrendo à especulação financeira, enquanto muitos sofrem em grande medida as suas consequências.

"A inovação tecnológica aumentou a velocidade das operações financeiras, mas este aumento tem sentido na medida em que se demonstra capaz de melhorar a capacidade de servir o bem comum. Em particular, a especulação sobre os preços alimentares é um escândalo que tem graves consequências para o acesso aos alimentos da parte dos mais pobres. É urgente que os governos de todo o mundo se comprometam a desenvolver um quadro internacional capaz de promover o mercado do investimento com elevado impacto social, de tal forma que contraste a economia da exclusão e do descarte."[166]

O problema é que o império do dinheiro cria uma globalização uniformizadora que não descarta apenas os que julga sobrantes, mas até as culturas: "Entre as causas de tais fenômenos, conta-se uma globalização niveladora que descarta as culturas próprias, eliminando, assim, os fatores específicos de identidade de cada povo que constituem a herança indispensável na base de um são desenvolvimento social. Num mundo assim uniforme e desprovido de identidade, é fácil detectar o drama e o desânimo de muitas pessoas que perderam literalmente o sentido da vida. Este drama é agravado pela persistente crise econômica, que gera desconfiança e favorece a conflitualidade social".[167] Aos bispos da África repete que principalmente os jovens, que estão mais expostos, "hoje são chamados a defender-se de formas de 'colonização' novas e sem escrúpulos como o sucesso, a riqueza, o poder a qualquer preço, mas também o fundamentalismo e o uso deturpado da religião, e ideologias novas que destroem a identidade das pessoas e das famílias".[168]

---

[166] Aos participantes do congresso promovido pelo Pontifício Conselho "Justiça e Paz", 16 de junho de 2014.

[167] Ao corpo diplomático acreditado junto da Santa Sé, 12 de janeiro de 2015.

[168] Aos participantes do Simpósio das Conferências Episcopais da África e Madagáscar, 7 de fevereiro de 2015.

No entanto, os cristãos temos não somente que dialogar sinceramente com uma das partes em conflito.[169] Nossa condição de irmãos de todos deve levar-nos a ser verdadeiros mediadores: "Os intermediários procuram contentar todas as partes, com a finalidade de obter um lucro para si mesmos. O mediador, ao contrário, é aquele que nada reserva para si próprio, mas que se dedica generosamente, até se consumir, consciente de que o único lucro é a paz. Cada um de nós é chamado a ser um artífice da paz, unindo e não dividindo, extinguindo o ódio, em vez de o conservar, abrindo caminhos de diálogo, em vez de erguer novos muros! Dialogar, encontrar-se para instaurar no mundo a cultura do diálogo, a cultura do encontro".[170]

---

[169] Por isso pede aos bispos que não se enredem em disputas políticas: "Por conseguinte, não posso deixar de vos convidar a fazer a parte que vos compete na obra de reconciliação nacional, evitando qualquer implicação pessoal nas questões políticas em desvantagem do bem comum" (aos bispos da Conferência Episcopal da Costa do Marfim, em visita *ad limina apostolorum*, 18 de setembro de 2014. Congratula-se porque a Igreja do Mali foi artífice de reconciliação entre religiões e defende que prossiga por esse caminho de reconciliação nacional (aos bispos da Conferência Episcopal do Mali em visita *ad limina apostolorum*, 7 de maio de 2015.

[170] Discurso no Encontro Internacional para a Paz, organizado pela Comunidade de Santo Egídio, 30 de setembro de 2013. Cf. também: "Esta é uma proposta: cultura da proximidade. O isolamento e o fechamento em si mesmo ou nos próprios interesses nunca são o caminho para voltar a dar esperança e realizar uma renovação, mas é a proximidade, a cultura do encontro. O isolamento, não; a proximidade, sim. Cultura do confronto, não; cultura do encontro, sim. [...] Isto significa compreender e valorizar as riquezas do outro, considerando-o não com indiferença ou receio, mas como fator de crescimento. As dinâmicas que regulam as relações entre pessoas, entre grupos, entre nações muitas vezes não são de proximidade, de encontro, mas de confronto" (Encontro com o Mundo da Cultura, Cagliari, 22 de setembro de 2013). "Hoje estais a praticar aqui a cultura do encontro, tão diversa da xenofobia, da discriminação e da intolerância que vemos com muita frequência. Produz-se entre os excluídos este encontro de culturas no qual o todo não anula a particularidade [...] Nada se dissolve, nada se

Contudo, se somos mediadores por nossa condição de irmãos de todos, essa fraternidade alimenta-se com o diálogo com Deus: "O diálogo está vinculado intimamente à oração de cada um. Diálogo e oração crescem ou definham juntos. A relação do homem com Deus é a escola e o alimento do diálogo com os homens".[171]

Ele pede esse diálogo, por exemplo, para que se solucione a guerra da Síria, descartando a solução armada: "Renovo o meu apelo mais veemente pela paz na Síria. Cessem as violências e seja respeitado o direito humanitário, garantindo a necessária assistência à população que sofre! Todos ponham de parte a pretensão de deixar às armas a solução dos problemas e voltem ao caminho das negociações. Na realidade, a solução só pode vir do diálogo e da moderação, da compaixão por quem sofre, da busca de uma solução política e do sentido de responsabilidade pelos irmãos". Essa exortação conclui-se com uma oração ardente: "Deus converta os violentos! Deus converta aqueles que têm projetos de guerra! Deus converta aqueles que fabricam e vendem as armas

---

destrói, nada se domina, tudo se integra, tudo se integra. Hoje estais a procurar a síntese entre o local e o global. Sei que estais comprometidos todos os dias em coisas próximas, concretas, no vosso território, no vosso bairro, no vosso lugar de trabalho: convido-vos também a continuar a procurar esta perspectiva mais ampla; que os vossos sonhos voem alto e abracem o todo!" (aos participantes do Encontro Mundial dos Movimentos Populares, 28 de outubro de 2014). Pede essa cultura do encontro às redes de televisão católicas, visto que existe o gravíssimo perigo de não informar, de focalizar redutoramente e de não levar a pensar (aos dirigentes e funcionários e operadores da emissora TV 2000). Segundo o papa, o mesmo papel mediador cabe ao prefeito (aos membros da Associazione Nazionale Comuni Italiani [ANCI], 5 de abril de 2014).

[171] Discurso no Encontro Internacional para a Paz, organizado pela Comunidade de Santo Egídio, 30 de setembro de 2013.

e reforce os corações e as mentes dos obreiros da paz e os recompense com todas as bênçãos".[172]

Entretanto, para que haja verdadeiro diálogo, é indispensável querer sair do fechamento na própria cultura e sair ao encontro dos outros.[173] Quando isso não acontece, resta somente o confronto. O papa acalenta a convicção cristã de que a paz terá a última palavra; foi para dá-la que Jesus veio ao mundo: "Ao contrário, serve um compromisso comum de todos para favorecer uma cultura do encontro, porque só quem consegue ir ao encontro dos outros é capaz de dar fruto, criar vínculos, criar comunhão, irradiar alegria, construir a paz.

"Vimos uma confirmação disso mesmo – caso fosse necessária – nas imagens de destruição e morte que tivemos diante dos olhos no ano que passou. Quanto sofrimento, quanto desespero causa o fechamento em si mesmo, que pouco a pouco toma o rosto da inveja, do egoísmo, da rivalidade, da sede de poder e de dinheiro! Parece, às vezes, que tais realidades estejam destinadas a dominar; mas o Natal infunde em nós, cristãos, a certeza de que a palavra última e definitiva pertence ao Príncipe da Paz, que muda 'as espadas em

---

[172] Encontro com os Refugiados e com Jovens Deficientes, Betânia, junto ao Jordão, Igreja Latina, 24 de maio de 2014.

[173] Aos bispos da Bósnia e Herzegovina diz: "Encorajo as iniciativas que podem alargar a presença da Igreja além do perímetro litúrgico, assumindo com fantasia qualquer outra *ação que possa incidir na sociedade*, levando-lhe o vigoroso espírito do Evangelho [...]. Procurai promover uma pastoral social sólida para os fiéis, sobretudo para os jovens, a fim de fazer com que se formem consciências dispostas a permanecer nos próprios territórios como protagonistas e responsáveis da reconstrução e do crescimento do vosso país, do qual não podem esperar só receber" (aos bispos da Conferência Episcopal de Bósnia e Herzegovina, em visita *"ad limina apostolorum"*, 16 de março de 2015).

relhas de arado e as lanças em foices' (cf. Is 2,4) e transforma o egoísmo em dom de si mesmo e a vingança em perdão."[174]

O diálogo e o encontro precisam chegar até a colaboração estrutural. Apoiar esse processo é o motivo da viagem do papa à Albânia: "Porque eles conseguiram fazer um governo – pensemos nos Balcãs! –, um governo de unidade nacional entre muçulmanos, ortodoxos e católicos, com um conselho inter-religioso que ajuda muito e é equilibrado. E isso é bom! Está harmonizado. A presença do papa é para dizer a todos os povos: 'Pode-se trabalhar em conjunto!'. Eu senti a visita como se fosse uma verdadeira ajuda àquele nobre povo".[175]

Demonstração do interesse do papa para que os povos cheguem a um acordo é como se alegra pelos acordos firmados entre diversos países ou facções do mesmo país e sua viva esperança de que outros alcancem o mesmo.[176]

---

[174] Ao corpo diplomático acreditado junto da Santa Sé, 13 de janeiro de 2014. Diz o mesmo também aos funcionários do cerimonial diplomático da República italiana e da embaixada da Itália, junto da Santa Sé, 20 de dezembro de 2013.

[175] Encontro com os Jornalistas, durante o voo de regresso da Coreia a Roma, em 18 de agosto de 2014; Encontro com as Autoridades, Tirana, 21 de setembro de 2014. Durante o voo de regresso de Tirana a Roma (21 de setembro de 2014), fornece mais detalhes: na perseguição, com seu martírio, "as três componentes religiosas deram testemunho de Deus e, agora, dão testemunho da fraternidade".

[176] "Um exemplo, que muito me alegra, de como o diálogo pode verdadeiramente fundar e construir pontes chega-nos da recente decisão tomada pelos Estados Unidos e Cuba de porem termo a um silêncio recíproco que durou mais de meio século e aproximarem-se para bem dos respectivos cidadãos. Nesta perspectiva, penso também no povo do Burkina Faso, empenhado num período de importantes transformações políticas e institucionais, para que um renovado espírito de colaboração possa contribuir para o desenvolvimento de uma sociedade mais justa e fraterna. Além disso, assinalo com satisfação a assinatura, em março passado, do acordo que pôs fim a longos anos de tensões nas Filipinas. De igual modo, encorajo o empenho a favor de uma paz estável na Colômbia, bem como as iniciativas que vi-

Todavia, o diálogo precisa ter algumas premissas ou algumas coordenadas sem as quais é impossível avançar; para o papa, são a justiça e a solidariedade que incluem meios de vida e trabalho para todos. Pôr-se a caminho a fim de consegui-los conduzir à verdadeira paz: "Então, é tarefa de todos os homens edificar a paz, segundo o exemplo de Jesus Cristo, ao longo destes dois caminhos: promover e praticar a justiça, com verdade e amor; contribuir, cada qual em conformidade com as suas possibilidades, para o desenvolvimento humano integral, segundo a lógica da solidariedade. [...]

"Interrogo-me se as palavras 'justiça' e 'solidariedade' estão apenas no nosso dicionário, ou se todos nós trabalhamos para que elas se tornem realidade. [...] Mas é preciso oferecer inclusive a cada um a possibilidade de aceder concretamente aos meios essenciais de subsistência, à alimentação, à água, à casa, aos cuidados médicos, à educação e à possibilidade de formar e de sustentar a própria família. Estas finalidades têm uma prioridade imprescindível nos esforços nacionais e internacionais, e avaliam a bondade dos mesmos. Deles depende uma paz duradoura para todos."[177]

---

sam restabelecer a concórdia na vida política e social da Venezuela. Espero ainda que, em breve, se possa chegar a um entendimento definitivo entre o Irã e o chamado Grupo dos 5 + 1, sobre a utilização da energia nuclear para fins pacíficos, valorizando os esforços realizados até agora. Depois registro com satisfação a vontade dos Estados Unidos de fechar definitivamente a prisão de Guantánamo, merecendo destaque a disponibilidade generosa de alguns países para receber os detidos. De coração agradeço a estes países" (ao corpo diplomático acreditado junto da Santa Sé, 12 de janeiro de 2015).

[177] Aos participantes da Comemoração do 50º Aniversário da Encíclica *Pacem in terris* do Papa João XXIII, 3 de outubro de 2013; cf. também: Encontro com os Pobres e os Presos, Cagliari, 22 de setembro de 2013. Diz aos bispos mexicanos: "Só podemos viver a fidelidade a Jesus Cristo como solidariedade comprometida e próxima ao povo nas suas necessidades, oferecendo a partir de dentro os valores do Evangelho" (aos bispos do

Esse diálogo não pode ser realizado apenas entre governos. Em primeiro lugar, precisa acontecer entre os cidadãos, e para animar o diálogo e fixar caminhos concretos de superação da situação dada, é preciso dar espaço às associações de solidariedade, o assim chamado terceiro setor: "E é importante também que haja espaço para aquela rica gama de agremiações e de organismos intermediários que, na lógica da subsidiariedade e no espírito da solidariedade, perseguem tais finalidades".[178]

Para que se encontrem caminhos para resolver estruturalmente todos esses flagelos, o papa pede "uma nova distribuição da soberania, tanto no plano nacional como a nível supranacional", porque a democracia inclusiva e participativa "pressupõe sempre uma economia e um mercado que não excluam e que sejam equitativos". Somente assim poderão ter início "reformas profundas que prevejam a redistribuição da riqueza produzida, e a universalização de mercados livres a serviço das famílias", porque "visões que pretendem aumentar a rentabilidade, à custa da restrição do mercado de trabalho que cria novos excluídos, não estão em conformidade com uma economia a serviço do homem e do bem comum, nem com uma democracia inclusiva e participativa".[179]

Para o papa, um caso particularmente significativo dessa redistribuição da soberania é o dos *movimentos populares*. Eles manifestam "uma realidade que muitas vezes passa em

---

México, por ocasião da visita *"ad limina apostolorum"*, 19 de maio de 2014 – texto entregue aos bispos).

[178] Aos participantes da Comemoração do 50º Aniversário da Encíclica *Pacem in Terris* do Papa João XXIII, 3 de outubro de 2013.

[179] Discurso aos participantes na plenária do Pontifício Conselho Justiça e Paz, 2 de outubro de 2014.

silêncio. Os pobres não só suportam a injustiça, mas também lutam contra ela!

"Não se contentam com promessas ilusórias, desculpas ou álibis. Nem sequer estão à espera de braços cruzados da ajuda de ONGs, planos assistenciais ou soluções que nunca chegam, ou que, se chegam, fazem-no de maneira a ir na direção de anestesiar ou domesticar, o que é bastante perigoso. Vós sentis que os pobres não esperam mais e querem ser protagonistas; organizam-se, estudam, trabalham, exigem e, sobretudo, praticam aquela solidariedade tão especial que existe entre quantos sofrem, entre os pobres, e que a nossa civilização parece ter esquecido, ou pelo menos tem grande vontade de esquecer. [...]

"Os movimentos populares expressam a necessidade urgente de revitalizar as nossas democracias, tantas vezes desviadas por inúmeros fatores. É impossível imaginar um futuro para a sociedade sem a participação como protagonistas das grandes maiorias, e este protagonismo transcende os procedimentos lógicos da democracia formal. A perspectiva de um mundo de paz e de justiça duradouras pede que superemos o assistencialismo paternalista, exige que criemos novas formas de participação que incluam os movimentos populares e animem as estruturas de governo locais, nacionais e internacionais com aquela torrente de energia moral que nasce da integração dos excluídos na construção do destino comum. E assim com ânimo construtivo, sem ressentimento, com amor."[180] Nessa democracia protagonista, o papa comenta três campos, analisados no encontro: casa, terra e trabalho, e a consequência de tratá-los solidariamen-

---

[180] Aos participantes do Encontro Mundial de Movimentos Populares, 28 de outubro de 2014.

te, a partir da participação de todos e, em primeiro lugar, dos interessados: a paz e o respeito à natureza.

O que o papa oferece, em nome dos cristãos, para a solução concreta desses problemas, é a atenção amorosa a cada um: "A partir desta 'atenção amiga', a Igreja coopera com todas as instituições que têm a peito tanto o bem dos indivíduos como o bem comum".[181] A raiz dessa atitude é a fé real em Jesus Cristo: "A fé cristã é capaz de enriquecer a sociedade graças à bagagem de solidariedade concreta que tem em si mesma. Uma fé acolhida com alegria, vivida a fundo e com generosidade pode conferir à sociedade uma força humanizadora. Por isso, todos estamos chamados a procurar modos sempre novos para testemunhar com coragem uma fé viva e vivificante".[182] "Um amor repleto de verdade constitui a base sobre a qual construir a paz que hoje é especialmente desejada e necessária para o bem de todos. Permite superar fanatismos perigosos, conflitos pela posse dos recursos, migrações de dimensões bíblicas, os persistentes flagelos da fome e da pobreza, o tráfico de pessoas, injustiças e desigualdades sociais e econômicas, desequilíbrios no acesso ao bem comum."[183]

Por isso, revela a incongruência e a monstruosidade de escudar-se em Deus para atentar contra seres humanos: "Ninguém pense em poder tomar a Deus por escudo, enquanto projeta e comete atos de violência e vexação! Ninguém tome a religião como pretexto para as suas ações contrárias à dignidade do homem e aos seus direitos

---

[181] Ao corpo diplomático acreditado junto da Santa Sé, 13 de janeiro de 2014.

[182] Discurso aos dirigentes e operários das aceirarias de Terni e aos fiéis da diocese, 20 de março de 2014.

[183] Aos participantes na plenária do Pontifício Conselho Justiça e Paz, 2 de outubro de 2014.

humanos fundamentais, principalmente o direito de todos à vida e à liberdade religiosa!".[184] Falando da propagação do terrorismo de caráter fundamentalista na Síria e no Iraque, anota: "Este fenômeno é consequência da cultura do descarte aplicada a Deus. Na verdade, o fundamentalismo religioso, ainda antes de descartar os seres humanos perpetrando horrendos massacres, rejeita o próprio Deus, relegando-o a mero pretexto ideológico [...] duma mistificação da própria religião, assumida como pretexto para projetos ideológicos cuja única finalidade é o domínio do homem sobre o homem".[185] Por isso, pede aos bispos do Quênia que dialoguem e colaborem com todos para que fique evidente a monstruosidade de cometer violência em nome de Deus. Contudo, enquanto denuncia os agentes, roga pela conversão deles.[186]

---

[184] Encontro com as Autoridades, Tirana, 21 de setembro de 2014. Ele amplia esse tema no Encontro com os Líderes de outras Religiões e outras Denominações Cristãs, Tirana, 21 de setembro de 2014; visita ao presidente de assuntos religiosos da Turquia (Diyanet), Ancara, 28 de novembro de 2014.

[185] Ao corpo diplomático acreditado junto da Santa Sé, 12 de janeiro de 2015.

[186] "Espero que possais fortalecer o vosso compromisso a trabalhar com os líderes tanto cristãos como não cristãos na promoção da paz e da justiça no vosso país, através do diálogo, da fraternidade e da amizade. Desse modo, conseguireis formular uma denúncia mais unida e intrépida de toda a violência, especialmente quando é cometida em nome de Deus. Isso proporcionará segurança e alívio mais profundos a todos os vossos concidadãos. Juntamente convosco, rezo por quantos foram assassinados com atos terroristas ou, então, devido a hostilidades étnicas e tribais, tanto no Quênia como noutras regiões do continente. Penso de forma particular nos homens e nas mulheres assassinados na Sexta-feira Santa, no Garissa University College. Possam as suas almas repousar em paz e os seus entes queridos encontrar consolação; e possam quantos perpetram tais gestos de brutalidade arrepender-se e receber misericórdia" (aos bispos da Conferência Episcopal do Quênia em Visita *ad limina apostolorum*, 16 de abril de 2015).

Dirigindo-se ao Conselho da Europa, manifesta que religião e sociedade podem apoiar-se e até mesmo se ajudar mutuamente a corrigir seus possíveis desvios: "Na ótica cristã, razão e fé, religião e sociedade são chamadas a iluminar-se reciprocamente, apoiando-se uma à outra e, se necessário, purificando-se mutuamente dos extremismos ideológicos em que podem cair. A sociedade europeia inteira só se pode beneficiar de uma revitalizada conexão entre os dois âmbitos, tanto para enfrentar um fundamentalismo religioso que é inimigo sobretudo de Deus como para obstar a uma razão 'reduzida' que não honra o homem". O papa acalanta a esperança de que "se estabeleça uma espécie de 'nova ágora', na qual cada instância civil e religiosa possa livremente confrontar-se com as outras, naturalmente na separação dos âmbitos e na diversidade das posições, animada exclusivamente pelo desejo de verdade e de construir o bem comum".[187] Expressa a mesma coisa ao presidente da Itália e caracteriza o que Habermas chama de "sociedade pós-secular", o que lhe parece extremamente adequado: os poderes públicos "aos quais compete em primeiro lugar predispor as condições para um progresso equitativo e sustentável, para que a sociedade civil desenvolva todas as suas potencialidades, encontram no compromisso e na colaboração leal da Igreja um válido e útil apoio para a sua ação. Com efeito, a autonomia recíproca não suprime, mas exalta a concreta responsabilidade comum pelo ser humano e pelas exigências espirituais e materiais da comunidade, que todos temos a tarefa de servir com humildade e dedicação.

---

[187] Discurso ao Conselho da Europa, Estrasburgo, 25 de novembro de 2014.

"Isso requer que um sadio pluralismo não se limite à contribuição específica oferecida pelas várias componentes ideais e religiosas que compõem a sociedade, naturalmente sob condição de que elas acolham os princípios fundamentais que presidem à vida civil e não instrumentalizem ou deturpem as suas crenças para fins de violência e subjugação. Por outras palavras, o desenvolvimento ordenado de uma sociedade pluralista civil postula que não se pretenda confinar o autêntico espírito religioso unicamente na intimidade da consciência, mas que se reconheça também o seu papel significativo na construção da sociedade, legitimando a válida contribuição que ele pode oferecer."[188]

Por isso, pede aos cristãos que se comprometam na busca do bem comum, que se envolvam com a política. Não, de forma alguma, formando partidos católicos, mas buscando, através da política, o bem comum como exercício exímio da caridade. Embora a política tenha pouco prestígio devido à sua insuperável ambiguidade, isso não deve ser obstáculo para dedicar-se a ela com afinco.[189]

Com essa atitude, em seus encontros com as conferências episcopais, tanto em suas visitas *"ad limina"* quanto em suas viagens aos diversos países, sempre pede que se ocupem com o público com espírito evangélico, sem substituir os poderes públicos. Diz, por exemplo, à Conferência Episcopal do Timor Oriental: "Estou certo de que vós, com os sacerdotes, continuareis a desempenhar a função de consciência crítica da nação, mantendo para isso a devida independência

---

[188] Discurso ao presidente da Itália Sergio Mattarella, 18 de abril de 2015.

[189] Encontro do Papa Francisco com as Comunidades de Vida Cristã (CVX) – Liga Missionária de Estudantes da Itália, em 30 de abril de 2015.

do poder político numa colaboração equidistante que lhe deixe a responsabilidade de cuidar e promover o bem comum da sociedade.

"De fato, a Igreja pede apenas uma coisa no âmbito da sociedade: a liberdade de anunciar o Evangelho de modo integral, mesmo quando vai contra a corrente, defendendo valores que ela recebeu e a que deve permanecer fiel. E vós, queridos irmãos, não tenhais medo de oferecer essa contribuição da Igreja para bem da sociedade inteira."[190] Diz aos da Guiné: "Sugiro-vos também que convideis os leigos, sobretudo os mais jovens, a testemunhar a sua fé comprometendo-se antes de tudo na sociedade, mostrando desse modo o interesse que têm pelo seu país. Em colaboração com as diversas realidades da vida social, que eles sejam sempre e em toda a parte artífices de paz e de reconciliação para lutar contra a pobreza extrema com a qual a Guiné se confronta. Nessa perspectiva, apesar das dificuldades encontradas, encorajo-vos a aprofundar as relações com os vossos compatriotas muçulmanos, aprendendo reciprocamente a aceitar as diferentes maneiras de ser, de pensar e de se expressar".[191] Aos de Madagáscar: "Vosso país desde há muitos anos atravessa um período difícil e vive sérias dificuldades socioeconômicas. Vós exortastes toda a sociedade a levantar-se para construir um futuro novo. Não posso deixar de vos encorajar a ocupar todo o vosso espaço neste trabalho de reconstrução, no respeito dos direitos e deveres de cada indivíduo. É importante que mantenhais relações construtivas com as

---

[190] Aos bispos da Conferência Episcopal do Timor Leste, em visita *"ad limina apostolorum"*, 17 de março de 2014.

[191] Aos bispos da Guiné, por ocasião da visita *"ad limina apostolorum"*, 24 de março de 2014.

autoridades do vosso país. Cabe a vós buscar a unidade, a justiça e a paz para servir melhor o vosso povo, recusando qualquer implicação em querelas políticas em detrimento do bem comum. Que a vossa palavra e as vossas ações possam manifestar sempre a vossa comunhão profunda!

"Nessa perspectiva, desejo saudar o compromisso insubstituível das vossas dioceses nas obras sociais. De fato, há uma ligação íntima entre evangelização e promoção humana, que se deve exprimir e desenvolver em toda a ação evangelizadora (cf. *Evangelii gaudium*, 178). Portanto, encorajo-vos a perseverar na atenção que dedicais aos pobres, apoiando, material e espiritualmente, todos os que se ocupam deles, em particular as congregações religiosas, às quais agradeço de todo coração a sua abnegação e o testemunho autêntico que dão do amor de Cristo por todos os homens. Convido-vos também a interpelar sem receio toda a sociedade malgaxe, especialmente os seus responsáveis, sobre a questão da pobreza, que se deve em grande medida à corrupção e à falta de atenção ao bem comum."[192] Aos da África do Sul, pede que continuem a lutar contra a corrupção: "Trata-se de uma questão que enfrentastes profeticamente na vossa declaração pastoral sobre o problema da corrupção. Como sublinhastes, 'a corrupção é um furto feito aos pobres... fere aqueles que são mais vulneráveis... prejudica a comunidade inteira... aniquila a nossa confiança'. A comunidade cristã é chamada a ser coerente com o seu testemunho das virtudes da honestidade e da integridade, a fim de podermos estar diante do Senhor e do nosso próximo com as mãos limpas e o coração puro (cf. Sl 24,4), como fermento

---

[192] Aos bispos da Conferência Episcopal de Madagáscar, em visita *"ad limina apostolorum"*, 28 de março de 2014.

do Evangelho na vida da sociedade".[193] Aos do México, pede-lhes que apoiem a ação dos leigos na cidade: "Não hesiteis em frisar a contribuição inestimável da fé para 'a cidade dos homens e a sua vida comum' (Carta Encíclica *Lumen fidei*, 54). Nesse âmbito, a tarefa dos fiéis leigos é insubstituível. A sua apreciada colaboração intereclesial nunca deveria faltar no cumprimento da sua vocação específica: transformar o mundo segundo Cristo. A missão da Igreja não pode prescindir dos leigos que, haurindo força da Palavra de Deus, dos sacramentos e da oração, devem viver a fé no coração da família, da escola, do trabalho, dos movimentos populares, dos sindicatos, dos partidos e até do Governo, dando testemunho da alegria do Evangelho. Convido-vos a promover a sua responsabilidade secular e a oferecer-lhes uma preparação adequada para tornar visível a dimensão pública da fé. Para esse fim, a Doutrina Social da Igreja é um válido instrumento que pode ajudar os cristãos no seu compromisso diário para edificar um mundo mais justo e solidário".[194] À Conferência Episcopal de Gana: "Da vitalidade espiritual de todos os fiéis derivam as numerosas atividades caritativas, médicas e educativas da Igreja, assim como as suas obras de justiça e de igualdade".[195] Aos bispos da Zâmbia: "Neste período difícil, depois da morte do presidente Sata, convido-vos a continuar a trabalhar pelo bem comum, juntamente

---

[193] Aos bispos da Conferência Episcopal do Botswana, África do Sul e Suazilândia, em visita *"ad limina apostolorum"*, 25 de abril de 2014.

[194] Aos bispos do México, por ocasião da visita *"ad limina apostolorum"*, 19 de maio de 2014, texto escrito; aos bispos da Conferência Episcopal de Camarões, em visita *"ad limina apostolorum"*, 6 de setembro de 2014; aos bispos da Conferência Episcopal da República Democrática do Congo, em visita *"ad limina apostolorum"*, 12 de setembro de 2014.

[195] Aos bispos da Conferência Episcopal de Gana, em visita *"ad limina apostolorum"*, 23 de setembro de 2014.

com os vossos líderes políticos, tornando mais profundo o vosso testemunho profético em defesa dos pobres a fim de elevar a vida dos débeis".[196] Aos do Quênia: "Sem o desejo de interferir nas questões temporais, a Igreja deve insistir de maneira especial junto de quantos ocupam posições de liderança e de poder, sobre aqueles princípios morais que promovem o bem comum e a edificação da sociedade no seu conjunto. No cumprimento da sua missão apostólica, a Igreja deve assumir uma posição profética em defesa dos pobres e contra qualquer corrupção e abuso de poder. E deve fazê-lo, em primeiro lugar, através do próprio exemplo. Não tenhais medo de ser voz profética! Não tenhais receio de pregar com convicção! Fazei com que a sabedoria da Igreja, contida de forma especial na sua doutrina social, consiga incidir sobre a sociedade queniana".[197] E aos bispos da África: "Nós, discípulos de Cristo, não podemos deixar de nos preocupar pelo bem das pessoas mais débeis; e devemos suscitar também a atenção da sociedade e das autoridades públicas para as suas condições de vida. [...] O vosso simpósio é também um lugar de promoção da legalidade, para que sejam sanadas as chagas da corrupção e do fatalismo e para favorecer o compromisso dos cristãos nas realidades seculares, em vista do bem comum".[198] De igual modo aos da Ucrânia:

---

[196] Aos bispos da Conferência Episcopal da Zâmbia, em visita *ad limina apostolorum*, 17 de novembro de 2014.

[197] Aos bispos da Conferência Episcopal do Quênia, em visita *ad limina apostolorum*, 16 de abril de 2014.

[198] Aos participantes no Simpósio das Conferências Episcopais da África e Madagáscar, 7 de fevereiro de 2015. Diz a mesma coisa aos bispos do Togo (aos bispos da Conferência Episcopal do Togo em Visita *ad limina apostolorum*, 11 de maio de 2015). Pede aos bispos da República Centro-Africana, de recente evangelização, que sigam apostando na reconciliação e que,

"A nível nacional, vós sois cidadãos a pleno título do vosso país, e por isso tendes o direito de expor, também de forma comum, o vosso pensamento acerca do seu destino. Não no sentido de promover uma ação política concreta, mas na indicação e reafirmação dos valores que constituem o elemento essencial da sociedade ucraniana, perseverando na busca incansável da concórdia e do bem comum, mesmo diante das graves e complexas dificuldades.

"Nunca vos canseis de fazer presentes aos vossos concidadãos as considerações que a fé e a responsabilidade pastoral vos sugerem. O sentido de justiça e de verdade, antes de ser político, é moral, e esta incumbência está confiada também à vossa responsabilidade de pastores. Quanto mais fordes livres ministros da Igreja de Cristo, tanto mais, mesmo na vossa pobreza, vos fareis defensores das famílias, dos pobres, dos desempregados, dos débeis, dos doentes, dos idosos reformados, dos inválidos, dos refugiados."[199]

Formula o mesmo argumento em forma de tese: "A Igreja oferece a todos a beleza do Evangelho e da sua mensagem de salvação, e precisa, para desempenhar a sua missão espiritual, de condições de paz e de tranquilidade, que só os poderes públicos podem promover.

"Por outro lado, estes últimos, aos quais compete em primeiro lugar predispor as condições para um progresso equitativo e sustentável, para que a sociedade civil desenvolva

---

de modo algum, se deixem levar pela violência. Que tal reconciliação se exercite nas famílias e nas obras de promoção (aos bispos da Conferência Episcopal da República Centro-Africana, em visita *ad limina apostolorum*, 15 de maio de 2015).

[199] Aos bispos da Ucrânia, em visita *ad limina apostolorum* (bispos da Igreja Greco-Católica da Ucrânia, bispos de rito bizantino e bispos da Conferência Episcopal da Ucrânia), 20 de fevereiro de 2015.

todas as suas potencialidades, encontram no compromisso e na colaboração leal da Igreja um válido e útil apoio para a sua ação. Com efeito, a autonomia recíproca não suprime mas exalta a concreta responsabilidade comum pelo ser humano e pelas exigências espirituais e materiais da comunidade, que todos temos a tarefa de servir com humildade e dedicação [...] ao desenvolvimento ordenado de uma sociedade pluralista civil postula que não se pretenda confinar o autêntico espírito religioso unicamente na intimidade da consciência, mas que se reconheça também o seu papel significativo na construção da sociedade, legitimando a válida contribuição que ele pode oferecer."[200] "A Igreja Católica procura oferecer também nesse âmbito o próprio contributo, mediante uma atenção constante à vida dos pobres, dos necessitados em todas as partes do planeta; move-se nessa mesma linha o compromisso ativo da Santa Sé nas organizações internacionais e com os seus numerosos documentos e declarações. Dessa forma, pretende-se contribuir para a identificação e a adoção de critérios que o desenvolvimento de um sistema internacional equitativo deve satisfazer. São critérios que, em nível ético, se baseiam em pilares como a verdade, a liberdade, a justiça e a solidariedade."[201]

3.8 Rumo a uma Igreja pobre dos pobres

No entanto, o que ele diz à sociedade, di-lo também e mui concretamente à instituição eclesiástica. Fala com autoridade, porque é pessoalmente austero, e boa parte das

---

[200] Ao presidente da República italiana, Sergio Mattarella, 18 de abril de 2015.

[201] Visita à sede da FAO em Roma, por ocasião da II Conferência Internacional sobre Nutrição, 20 de novembro de 2014.

mudanças introduzidas está relacionada a isso, a começar por suas vestes e pela cruz peitoral, que configuram sua imagem.[202]

Gostaria de reafirmar minha admiração ao vê-lo sair do aeroporto do Rio de Janeiro nesse minicarro. Eu não podia acreditar. Até que época deveríamos regressar na história para encontrar algo parecido? Até antes da terceira década do século IV, quando, para ir ao Concílio de Niceia, Constantino fez com que os bispos fossem trazidos em liteiras, como senadores. Assim continuaram os outros imperadores e seus afins: honrando-os e cooptando-os. Por isso, quando insiste uma e outra vez que um sacerdote ou um bispo não podem ter um carro luxuoso, tem autoridade para dizê-lo.[203]

---

[202] "Os nossos dias falam-nos de tanta pobreza no mundo, e isto é um escândalo. A pobreza do mundo é um escândalo. Num mundo onde há tantas, tantas riquezas, tantos recursos para dar de comer a todos, não se pode entender que haja tantas crianças famintas, tantas crianças sem instrução, tantos pobres! Hoje, a pobreza é um grito. Todos nós devemos pensar se podemos tornar-nos um pouco mais pobres: isto mesmo... todos o devemos fazer. Como posso tornar-me um pouco mais pobre para me assemelhar melhor a Jesus, que era o Mestre pobre? Aqui está o ponto decisivo. Não se trata de um problema de virtude pessoal; é só que não posso viver sozinho. E o mesmo se diga acerca do automóvel: é assim, para não ter tantas coisas e tornar-se um pouco mais pobre" (resposta a uma menina que lhe perguntou: "Como o senhor renunciou à riqueza?"; respostas do Santo Padre Francisco às perguntas dos representantes das escolas dos jesuítas na Itália e na Albânia, 7 de junho de 2013).

[203] "Alguns dirão: a alegria nasce das coisas que se possuem, e então eis a busca do último modelo de *smartphone*, ou de um *scooter* mais veloz, do carro que dá nas vistas... Mas eu digo-vos, deveras, fico entristecido quando vejo um padre ou uma freira com o último modelo de um carro: não se pode! Não se pode! *Vós pensais nisto:* mas agora, padre, devemos ir de bicicleta? É bom ir de bicicleta! Dom Alfred vai de bicicleta: ele desloca-se de bicicleta. Penso que o carro é necessário, porque é preciso fazer tanto trabalho e para se deslocar de um lado para outro... mas usai um mais simples! E se gostas do bonito, pensai em quantas crianças morrem de fome" (Encontro com os Seminaristas, os Noviços e as Noviças, 6 de julho de 2013).

Diz a mesma coisa quando lembra aos religiosos que esses conventos vazios não podem ser vendidos como hotéis de luxo, mas precisam ser colocados à disposição das pessoas sobrantes que não encontram moradia, e que esse seria o modo de revitalizar as próprias congregações e, mais concretamente, com sua proposta às paróquias e dioceses da Europa para que acolham os imigrantes. Aquele que celebra seu aniversário comendo com quatro pobres expressa essa vontade profunda de partilhar com eles: partilhar a celebração, como fazia Jesus. Por isso, reforça que a atenção aos pobres não é coisa de especialistas, mas que compete a todo o corpo eclesial, é a prova de sua saúde espiritual e não é algo apendicular e suplementar, mas essencial e, por isso, exige mudanças estruturais. Por exemplo, muitas estruturas paroquiais e casas religiosas semivazias não devem ser vendidas para proveito da instituição,[204] mas utilizadas, por exemplo, como casas de acolhida para imigrantes. Ele assegura que isso revitalizaria os que se atrevessem a fazê-lo: "Para toda a Igreja é importante que o acolhimento do pobre e a promoção da justiça não sejam confiados apenas a 'peritos', mas sejam uma atenção de toda a pastoral, da formação dos futuros sacerdotes e religiosos, do compromisso ordinário de todas as paróquias, dos movimentos e das agregações eclesiais. Em particular – isso é importante e digo-o de coração – gostaria de convidar também os institutos religiosos a ler

---

[204] "Há congregações religiosas, grupos muito, muito pequenos, poucas pessoas, gente muito idosa... Não têm vocações, sei lá, o Espírito Santo não quer que continuem, talvez tenham cumprido sua missão na Igreja, não sei... Mas estão aí, aferradas a seus edifícios, aferradas ao dinheiro... Não sei por que isso acontece, não sei como interpretar. Contudo, peço-lhes que se preocupem com esses grupos... A administração do dinheiro... é algo que precisa ser pensado" (Diálogo com a presidência da CLAR, 6 de junho de 2013).

seriamente e com responsabilidade este sinal dos tempos. O Senhor chama a viver com mais coragem e generosidade o acolhimento nas comunidades, nas casas, nos conventos vazios. Caríssimos religiosos e religiosas, os conventos vazios não servem à Igreja para serem transformados em hotéis e ganhar dinheiro. Os conventos vazios não são vossos, são para a carne de Cristo que são os refugiados. O Senhor chama a viver com mais coragem e generosidade nas comunidades, nas casas, nos conventos vazios. Certamente não é uma coisa simples, é necessário critério, responsabilidade e também coragem. Fazemos tanto, talvez sejamos chamados a fazer mais, acolhendo e partilhando com decisão o que a Providência nos doou para servir. Superar a tentação da mundanidade espiritual para estar próximos das pessoas simples e sobretudo dos últimos. Precisamos de comunidades solidárias que vivam o amor de modo concreto!"[205]

No Terceiro Mundo, elogia o que as comunidades de religiosas e religiosos fazem em favor dos demais, principalmente dos mais pobres, com muito poucos meios e um grande coração; demonstrando sua grande humanidade, dão testemunho da ternura de Deus para com os seres humanos: "Vivendo com frequência numa situação de grande pobreza, em colaboração com os leigos, eles manifestam a caridade de Cristo mediante as suas obras de assistência à população, quer no campo da saúde, quer da educação e da instrução. Garanto-lhes o meu apoio e a minha prece. Eles realizam uma verdadeira evangelização com as obras, e prestam um testemunho autêntico da ternura de Deus por todos os homens, em particular pelos mais pobres e débeis,

---

[205] Visita ao "Centro Astalli" de Roma para a assistência aos refugiados, em 10 de setembro de 2013.

testemunho que toca os corações e radica solidamente a fé dos fiéis".[206]

Percebo tratamento mais sistemático em suas palavras ao episcopado da Coreia, em Seul. Observa que "a solidariedade com os pobres está no centro do Evangelho; deve ser considerada como um elemento essencial da vida cristã [...], deve permear os corações e as mentes dos fiéis e refletir-se em todos os aspectos da vida eclesial". Refere-se à sua tradição e expressa sua esperança: "O ideal apostólico de uma Igreja dos pobres e para os pobres, uma Igreja pobre para os pobres, encontrou uma expressão eloquente nas primeiras comunidades cristãs da vossa nação. Espero que este ideal continue a moldar o caminho da Igreja coreana na sua peregrinação para o futuro". Encara a situação presente, que se apresenta como tentação: a Igreja da Coreia "vive e trabalha no meio duma sociedade próspera, mas cada vez mais secularizada e materialista. Em tais circunstâncias, os agentes de pastoral são tentados a adotar não apenas modelos eficazes de gestão, programação e organização, inspirados no mundo dos negócios, mas também um estilo de vida e uma mentalidade guiados mais por critérios mundanos de sucesso e até mesmo de poder do que pelos critérios enunciados por Jesus no Evangelho". Anima-os a vencer essa tentação: "Exorto-vos, a vós e aos vossos irmãos sacerdotes, a rejeitar esta tentação em todas as suas formas".[207]

No entanto, a opção pelos pobres precisa chegar a considerá-los não somente como os destinatários de nossa ação, mas como sujeitos valiosos, como o tesouro da Igreja. Assim

---

[206] Aos bispos da Guiné, por ocasião da visita *"ad limina apostolorum"*, 24 de março de 2014.

[207] Encontro com os bispos da Coreia, Seul, 14 de agosto de 2014.

o diz, por exemplo, aos que cuidam dos enfermos e aos próprios enfermos: "A UNITALSI está chamada a ser sinal profético e a ir contra esta lógica mundana, a lógica do descarte, ajudando os sofredores a serem protagonistas na sociedade, na Igreja e também na associação. [...] Trata-se de valorizar realmente a presença e o testemunho das pessoas frágeis e sofredoras, não só como destinatárias da obra evangelizadora, mas como sujeitos ativos dessa mesma ação apostólica.

"Queridos irmãos e irmãs doentes, não vos considereis só objeto de solidariedade e de caridade, mas senti-vos inseridos a pleno título na vida e na missão da Igreja. Vós tendes um vosso lugar, um papel específico na paróquia e em cada âmbito eclesial. A vossa presença, silenciosa, mas mais eloquente que muitas palavras, a vossa oração, a oferenda diária dos vossos sofrimentos em união com os de Jesus crucificado pela salvação do mundo, a aceitação paciente e também jubilosa da vossa condição, são uma resposta espiritual, um patrimônio para cada comunidade cristã. Não vos envergonheis de ser um tesouro precioso da Igreja!"[208] Assim o diz também a partir de sua própria experiência: "A 27 de julho eu ia todos os anos ao Santuário de São Pantaleão, em Buenos Aires, e confessava de manhã. Eu voltava renovado daquela experiência, voltava envergonhado pela santidade que encontrava naquela gente simples, pecadora mas santa, porque confessava os próprios pecados e depois

---

[208] Aos associados da UNITALSI no 110º aniversário de sua fundação, 9 de novembro de 2013. Diz a mesma coisa aos anciãos com enfermidades neurodegenerativas, em sua alocução aos participantes na Conferência Internacional, promovida pelo Pontifício Conselho para a Pastoral no Campo da Saúde, 19 de novembro de 2015; e aos líderes do apostolado leigo na Coreia, em seu encontro com eles, Kkottongnae, 16 de agosto de 2014; aos membros da Associação Católica Internacional de Serviços à Juventude Feminina (ACISJF), 18 de abril de 2015.

contava como vivia, qual era o problema do filho ou da filha ou outros ainda, e como ia visitar os doentes. Transparecia um sentido evangélico".[209]

O papa diz o mesmo aos teólogos: "Por seu lado, o Magistério tem o dever de estar atento ao que o Espírito diz às Igrejas através das manifestações autênticas do *sensus fidelium*. Vêm-me à memória aqueles dois números, 8 e 12, da *Lumen gentium*, que precisamente sobre esse aspecto são muito fortes. Essa atenção é da máxima importância para os teólogos. O Papa Bento XVI frisou várias vezes que o teólogo deve permanecer à escuta da fé vivida dos humildes e dos pequeninos, aos quais aprouve ao Pai revelar o que escondeu aos sábios e instruídos (cf. Mt 11,25-26, homilia na missa com a Comissão Teológica Internacional, 1º de dezembro de 2009). [...]

"Também o aproximar-se dos pequeninos ajuda a tornar-nos mais inteligentes e sábios. E penso – não faço publicidade jesuítica – em Santo Inácio que pedia aos professores que fizessem o voto de ensinar a catequese aos pequeninos para compreender melhor a sabedoria de Deus."[210]

3.9 Não reforma disciplinar, mas uma verdadeira conversão da cabeça e do corpo eclesial à humanidade que Jesus tornou presente, para que chegue a mudar a instituição a partir de dentro

Muitos sacerdotes e associações progressistas, desde o começo de seu pontificado, divulgaram escritos que continham

---

[209] Encontro com os Sacerdotes Diocesanos, Caserta, 26 de julho de 2014.

[210] Aos membros da Comissão Teológica Internacional, 6 de dezembro de 2013.

muitas medidas disciplinares propostas como lista ao papa,[211] expondo-as quase como um teste para ver se seus gestos eram sérios. Graças a Deus, o papa não os tem escutado.

O que lhe é próprio, como para o Papa João e para o Concílio, é uma primavera do Espírito. Com o tempo, essa primavera deve dar lugar a reformas estruturais, mas elas não podem ser o primeiro fruto. O fruto tem de ser a renovação espiritual das pessoas e dos espaços; é preciso que haja uma conversão à humanidade, um verdadeiro florescimento da humanidade que o Senhor Jesus apresentou: a fé de filhos de Deus e de irmãos de todos, com o privilégio dos pobres e sem excluir os pecadores.[212] Essa conversão dos cristãos,

---

[211] O exemplo mais ilustrativo é o de Leonardo Boff ("É possível um exercício do papado diferente"), que propõe motivações realmente evangélicas e, em seguida, pura medida administrativa. Juan Hernández Pico, com grande conhecimento de causa, vai propondo o novo espírito e, a seguir, o que ele denomina "o programa", porque, obviamente, não bastam os gestos. Repito que o programa é sensato, mas pensamos que não pode nem deve ser realizado a partir de cima, mas como fruto da conversão da cabeça e dos membros ("Uma Igreja pobre e para os pobres").

[212] Isso é o que propõe Eduardo de la Serna, rechaçando "a 'agenda' das agências europeias, preocupadas com temáticas europeias para audiências europeias (ou para as mentes colonizadas de alguma classe média latino-americana). Parece-me correto que eles se preocupem com temas como anticoncepcionais, divórcios e essas coisas..., mas não me parece que sejam problemas dos pobres da América Latina (e o digo com conhecimento de causa)" ("Que Igreja, para qual papa?"). Parecem-nos prudentes os perigos que precisamos evitar, segundo Proconcil ("Temos papa"): 1. Desistir de nossa corresponsabilidade como cristãos e cristãs, deixando todo o peso do avanço da Igreja nas mãos do papa, esquecendo o princípio de subsidiariedade e a importância de continuar a desenvolver a colegialidade dos bispos, segundo a orientação do Vaticano II; 2. Não reconhecer que no primado de Pedro há tarefas que estão ligadas com a gestão da mudança e que, ao mesmo tempo, devem cuidar da governabilidade da Igreja e de sua coesão interna; 3. Gerar expectativas impossíveis em relação aos ritmos em que se podem produzir processos que ajudem a nossa Igreja a ser uma fonte – juntamente com outras – de luz e de sal no mundo de hoje, a partir da ótica do Evangelho".

esse florescimento de comunidades cristãs alternativas e encarnadas é o que deve ir mudando as estruturas. Contudo, em primeiro lugar vem a transformação das pessoas.[213] Para isso, é preciso o discernimento, que não pode ser feito em um escritório, mas na vida, auscultando o sentir de muitos.[214]

A conversão até chegar a sentir-se pecador e necessitado de Deus é requisito para receber sua salvação: "A perspectiva da misericórdia é incompreensível para quantos não se reconhecem 'menores', isto é, pequenos, carentes e pecadores diante de Deus. Quanto mais estivermos cientes disso, mais estaremos próximos da salvação: quanto mais estivermos convictos de que somos pecadores, mais estaremos dispostos a ser salvos. Assim acontece no Evangelho: as pessoas que se reconhecem pobres diante de Jesus são salvas; quem, ao contrário, considera que não precisa de nada, não

---

[213] "Os ministros da Igreja devem ser misericordiosos, tomar a seu cargo as pessoas, acompanhando-as como o bom samaritano que lava, limpa, levanta o seu próximo. Isso é Evangelho puro. Deus é maior que o pecado. As reformas organizativas e estruturais são secundárias, isto é, vêm depois. A primeira reforma deve ser a da atitude. Os ministros do Evangelho devem ser capazes de aquecer o coração das pessoas, de caminhar na noite com elas, de saber dialogar e mesmo de descer às suas noites, na sua escuridão, sem perder-se. O povo de Deus quer pastores e não funcionários ou clérigos de Estado. Os bispos, em particular, devem ser capazes de suportar com paciência os passos de Deus no seu povo, de tal modo que ninguém fique para trás, mas também para acompanhar o rebanho que tem o faro para encontrar novos caminhos" (entrevista ao Papa Francisco, 19 de agosto de 2013).

[214] "Esse discernimento requer tempo. Muitos, por exemplo, pensam que as mudanças e as reformas podem acontecer em pouco tempo. Eu creio que será sempre necessário tempo para lançar as bases de uma mudança verdadeira e eficaz. E esse é o tempo do discernimento. E por vezes o discernimento, por seu lado, estimula a fazer depressa aquilo que inicialmente se pensava fazer depois. E foi isso o que também me aconteceu nestes meses. E o discernimento realiza-se sempre na presença do Senhor, vendo os sinais, escutando as coisas que acontecem, o sentir das pessoas, especialmente dos pobres" (entrevista ao Papa Francisco, 19 de agosto de 2013).

recebe a salvação, não porque não lhe tenha sido oferecida, mas porque não a acolheu."[215]

Se não seguirmos esse caminho, estamos no Concílio de Trento, que foi uma reforma necessária, mas fundamentalmente disciplinar: tudo estava prescrito sob penas severíssimas. Os costumes realmente foram mudados, mas à custa da liberdade e, portanto, do Espírito. A lei sai ganhando. Foi conservada com boa vontade, mas a longo prazo, ou melhor, no curto prazo, logo se caiu no farisaísmo cristão: a relação com Deus, que em princípio era o mais importante, objetivou-se tanto, que o cumprimento do que estava prescrito, que se propunha como vontade de Deus, findou por substituir a relação personalizada com ele.[216] E com a lei, a instituição levou vantagem, tanto que, de fato, substitui a Igreja. Se, por milagre de Deus, o papa, seguindo este caminho, conseguisse uma cúria exemplar, a Igreja sairia perdendo, porque se fortaleceria a cúria e, em última análise, a instituição eclesiástica, e não é isso o que deve ser feito.

Por isso, em seu discurso de preparação para o Natal, descreveu as enfermidades da cúria, com a esperança de que ela se submetesse à dureza da cura com fé na ação do Espírito neles, com esperança de sua cura. Requer-se muito

---

[215] Discurso aos participantes no capítulo geral da Ordem dos Frades Menores, 26 de maior de 2015.

[216] Por isso o papa nos previne contra reformas disciplinares e coloca no lugar delas o discernimento: "Por isso, o discernimento é fundamental. Se o cristão é restauracionista, legalista, se quer tudo claro e seguro, então não encontra nada. A tradição e a memória do passado devem ajudar-nos a ter a coragem de abrir novos espaços para Deus. Quem hoje procura sempre soluções disciplinares, quem tende de modo exagerado à 'segurança' doutrinal, quem procura obstinadamente recuperar o passado perdido, tem uma visão estática e involutiva. E, desse modo, a fé torna-se uma ideologia entre tantas" (entrevista ao Papa Francisco, 19 de agosto de 2013).

amor expor-se de modo tão franco à sua malquerença, no afã de seu proveito espiritual. Supõe, nada menos, que considerá-los seus verdadeiros irmãos em Cristo. Estas são as enfermidades que detectou:

"1. A doença de sentir-se 'imortal', 'imune' ou mesmo 'indispensável', descuidando os controles habitualmente necessários. [...] O antídoto para essa epidemia é a graça de nos sentirmos pecadores e dizer com todo o coração: 'Somos servos inúteis; fizemos o que devíamos fazer' (Lc 17,10).

"2. A doença do 'martismo' (que vem de Marta), da atividade excessiva, ou seja, daqueles que mergulham no trabalho, negligenciando inevitavelmente 'a melhor parte': sentar-se aos pés de Jesus (cf. Lc 10,38-42).

"3. Há também a doença do 'empedernimento' mental e espiritual. [...] É a doença daqueles que perdem 'os sentimentos de Jesus' (cf. Fl 2,5-11), porque o seu coração, com o passar do tempo, se endurece tornando-se incapaz de amar incondicionalmente o Pai e o próximo (cf. Mt 22,34-40).

"4. A doença da planificação excessiva e do funcionalismo. [...] Cai-se nesta doença, porque 'é sempre mais fácil e confortável acomodar-se nas próprias posições estáticas e inalteradas. Na realidade, a Igreja mostra-se fiel ao Espírito Santo na medida em que põe de lado a pretensão de o regular e domesticar.

"5. A doença da má coordenação. Quando os membros perdem a sincronização entre eles e o corpo perde o seu harmonioso funcionamento.

"6. Há também a doença do 'Alzheimer espiritual' [...]. Trata-se de um progressivo declínio das faculdades espirituais.

"7. A doença da rivalidade e da vanglória. Quando a aparência, as cores das vestes e as insígnias de honra se tornam o objetivo primário da vida [...] 'inimigos da cruz de Cristo', porque 'gloriam-se da sua vergonha, esses que estão presos às coisas da terra' (Fl 3,18-19).

"8. A doença da esquizofrenia existencial. É a doença daqueles que vivem uma vida dupla, fruto da hipocrisia típica do medíocre e do progressivo vazio espiritual.

"9. A doença das bisbilhotices, das murmurações e das críticas.

"10. A doença de divinizar os líderes: é a doença daqueles que fazem a corte aos superiores, na esperança de obter a sua benevolência. São vítimas do carreirismo e do oportunismo, honram as pessoas e não Deus (cf. Mt 23,8-12).

"11. A doença da indiferença para com os outros.

"12. A doença da cara fúnebre [...] O apóstolo deve esforçar-se por ser uma pessoa gentil, serena, entusiasta e alegre, que transmite alegria onde quer que esteja.

13. A doença do acumular, ou seja, quando o apóstolo procura preencher um vazio existencial no seu coração, acumulando bens materiais, não por necessidade, mas apenas para se sentir seguro.

"14. A doença dos círculos fechados, onde a pertença ao grupo se torna mais forte que a pertença ao Corpo e, nalgumas situações, ao próprio Cristo."[217]

Repito que não se tratava de deixar pôr a descoberto a cúria diante dos demais, de desnudar suas misérias, a fim de submetê-los ao escárnio público, mas de colocá-los diante da verdade, considerando-os, como considera a si mesmo, pecadores que podem converter-se.

---

[217] Encontro com os cardeais e colaboradores da Cúria Romana para troca de bons votos de Natal, 22 de dezembro de 2014.

Por isso, com grande instinto evangélico, o papa vem fazendo gestos, emitindo sinais, como Jesus. Porque o Reino de Deus não veio de um golpe de força, embora seja do alto, mas como uma semente que germina no fundo dos corações. É isso que o Papa Francisco está semeando: a boa semente do Evangelho. É preciso tempo, confiança em Deus e nas pessoas, para que germine. E isso se faz com paciência: "O Verbo de Deus entrou em 'paciência' no momento da Encarnação, e, assim, até à morte de cruz. Paciência e perseverança. Não temos a 'varinha mágica' para tudo, mas possuímos a confiança no Senhor que nos acompanha e nunca nos abandona".[218]

A prova mais clara de que esse seu procedimento não é mero fruto de sua idiossincrasia, nem de que não lhe ocorre outra coisa, é que o teoriza como o modo de proceder na missão continental, que é o que ele chama de missão paradigmática, no sentido preciso do paradigma com o qual se deve missionar: "A 'mudança de estruturas' (de caducas a novas) não é fruto de um estudo de organização do sistema funcional eclesiástico, de que resultaria uma reorganização estática, mas é consequência da dinâmica da missão. O que derruba as estruturas caducas, o que leva a mudar os corações dos cristãos, é justamente a *missionariedade*. Daqui a importância da missão paradigmática.

"Procuramos que o nosso trabalho e o de nossos presbíteros sejam mais pastorais que administrativos? Quem é o principal beneficiário do trabalho eclesial, a Igreja como organização ou o povo de Deus na sua totalidade?"[219]

---

[218] Aos participantes do Encontro Promovido pelo Pontifício Conselho para a Promoção da Nova Evangelização, 19 de setembro de 2014.

[219] Aos bispos responsáveis do Conselho Episcopal Latino-Americano (CELAM), por ocasião da reunião geral de coordenação, 28 de julho de 2013.

Uma prova fundamental do caráter não disciplinar da reforma que ele empreende na Igreja e, mais particularmente, na instituição eclesiástica, mas realmente carismático, pastoral ou espiritual, ou, com outras palavras, humano, a partir do paradigma de Jesus de Nazaré, é o paradigma que coloca diante dos juízes eclesiásticos para que o assumam: antes de mais nada, observa que "a função judicial é uma autêntica diaconia, ou seja, um serviço ao povo de Deus". A partir desse horizonte, queremos destacar que, se a reforma fosse disciplinar, teria mencionado somente a segunda característica; contudo, acrescenta a primeira e a terceira: "Agora, gostaria de traçar um breve perfil do juiz eclesiástico. Antes de tudo, o *perfil humano*: do juiz é exigida uma maturidade humana que se manifesta na serenidade de juízo e do desapego de pontos de vista pessoais. Da maturidade humana faz parte também a capacidade de se inserir na mentalidade e nas aspirações legítimas da comunidade onde se realiza o serviço. Por isso, ele deve tornar-se intérprete daquele *animus communitatis* que caracteriza a porção do povo de Deus, destinatária do seu trabalho, e poderá pôr em prática uma justiça não legalista e abstrata, mas adequada às exigências da realidade concreta. Por conseguinte, não se contentará com um conhecimento superficial da realidade das pessoas que esperam o seu juízo, mas sentirá a necessidade de entrar em profundidade na situação das partes em causa, estudando a fundo as atas e todos os elementos úteis para o juízo.

"O segundo aspecto é o *judiciário*. Além dos requisitos de doutrina jurídica e teológica, no exercício do seu ministério o juiz caracteriza-se pela perícia no direito, pela objetividade e pela equidade, julgando com equidistância imperturbável e imparcial. Além disso, na sua atividade ele orienta-se pela intenção de tutelar a verdade, no respeito da lei, sem descuidar a delicadeza e a humanidade próprias do pastor de almas.

"O terceiro aspecto é o *pastoral*. Enquanto expressão da solicitude pastoral do papa e dos bispos, do juiz exige-se não apenas uma competência comprovada, mas também um espírito de serviço genuíno. Ele é o servidor da justiça, chamado a tratar e a julgar a condição dos fiéis que se dirigem a ele com confiança, imitando o Bom Pastor que cuida da pequena ovelha ferida. Por isso, é animado pela caridade pastoral; aquela caridade que Deus derramou nos nossos corações através do 'Espírito Santo que nos foi concedido' (Rm 5,5). A caridade – escreve ainda São Paulo – 'é o vínculo da perfeição' (Cl 3,14), e constitui inclusive a alma da função do juiz eclesiástico."[220]

Ao confessor, ele pede essa mesma atitude não inquisitorial, mas pastoral: "A confissão não deve ser uma 'tortura', mas todos deveriam sair do confessionário com a felicidade no coração, com o rosto radiante de esperança, mesmo se por vezes — sabemo-lo – molhado pelas lágrimas da conversão e da alegria que disso deriva (cf. Exortação Apostólica *Evangelii gaudium*, 44). O sacramento, com todos os atos do penitente, não implica que ele se torne um interrogatório pesado, importuno e indiscreto. Ao contrário, deve ser um encontro libertador e rico de humanidade, através do qual poder educar para a misericórdia, que não exclui, aliás, inclui até o justo compromisso a reparar, na medida do possível, o mal cometido. Assim, o fiel sentir-se-á convidado a confessar-se com frequência, e aprenderá a fazê-lo no melhor dos modos,

---

[220] Aos prelados auditores, oficiais e colaboradores do Tribunal da Rota Romana, 24 de janeiro de 2014.

com aquela delicadeza de espírito que tanto bem faz ao coração – também ao coração do confessor! Desse modo, nós sacerdotes fazemos crescer a relação pessoal com Deus, para que se dilate nos corações o seu Reino de amor e de paz".[221]

Pede a mesma coisa ao educador católico, que não é aquele que transmite as pautas doutrinais e disciplinares de uma instituição sacralizada, mas um humanista integral, com experiência viva do Senhor, além do profissionalismo, como indicativo do respeito aos educandos: "Gostaria de me limitar a evocar os lineamentos da figura do educador e da sua tarefa específica. Educar é um gesto de amor, é dar vida. E o amor é exigente, requer que utilizemos os melhores recursos, que despertemos a paixão e que nos coloquemos a caminho com paciência, juntamente com os jovens. Nas escolas católicas, o educador deve ser antes de tudo muito competente, qualificado e, ao mesmo tempo, rico de humanidade, capaz de permanecer no meio dos jovens com um estilo pedagógico, para promover o seu crescimento humano e espiritual. Os jovens têm necessidade de qualidade do ensino e igualmente de valores, não apenas enunciados, mas testemunhados. A coerência é um fator indispensável na educação dos jovens. Coerência! Não se consegue fazer crescer, não se pode educar, sem coerência: coerência e testemunho.

"Por isso, o próprio educador tem necessidade de uma formação permanente. Portanto, é preciso investir a fim de que professores e dirigentes possam manter alto o seu profissionalismo e também a sua fé e a força das suas motivações espirituais. E, ainda nessa formação permanente, tomo a liberdade de sugerir a necessidade de retiros e de exercícios

---

[221] Aos participantes no curso promovido pelo Tribunal da Penitenciária Apostólica, 12 de março de 2015.

espirituais para os educadores. É preciso promover cursos sobre esta temática, mas também é necessário fazer cursos de exercícios espirituais e retiros para rezar, pois a coerência é um esforço, mas principalmente uma dádiva e uma graça. E devemos pedi-la!"[222]

Repete o mesmo aos que ensinam e aprendem nas universidades pontifícias: "A investigação e o estudo devem ser integrados com a vida pessoal e comunitária, com o compromisso missionário, com a caridade fraternal, com a partilha com os pobres, com a atenção à vida interior na relação com o Senhor. Os vossos Institutos não são máquinas para produzir teólogos e filósofos, mas comunidades onde amadurecer, e o crescimento acontece no seio da família. Na família universitária há o carisma de governo, confiado aos superiores, e há a diaconia do pessoal não docente, que é indispensável para criar o ambiente familiar na vida cotidiana, e também para criar uma atitude de humanidade e de sabedoria concreta, que fará dos estudantes de hoje pessoas capazes de construir a humanidade, de transmitir a verdade na dimensão humana, de estar conscientes de que, se falta a bondade e a beleza de pertencer a uma família de trabalho, acabam por ser intelectuais desprovidos de talento, eticistas

---

[222] Aos participantes na plenária da Congregação para a Educação Católica, 13 de fevereiro de 2014. Explica detalhadamente por que e como se deve refazer o pacto educativo para que a criança cresça harmônica, comunitária e criativamente e, de modo mais fundamental, para que ela tenha seu espaço (aos participantes do Encontro Mundial dos Diretores de "Scholas Occurrentes", 4 de setembro de 2014). Além de instrução de qualidade, pede aos educadores da federação católica italiana de educadores relações humanizadoras, principalmente com os alunos mais difíceis, e compromisso com as periferias da escola, as quais não podem ser abandonadas (à União Católica Italiana de Professores, Dirigentes, Educadores e Formadores [UCIIM], 14 de março de 2015).

sem bondade, pensadores carentes do esplendor da beleza e simplesmente 'disfarçados' de formalismos. O contato respeitoso e cotidiano com a laboriosidade e o testemunho dos homens e das mulheres que trabalham nas vossas Instituições conferir-vos-á aquela dose de realismo tão necessária, a fim de que o vosso saber seja ciência humana e não de laboratório."[223]

Por isso, entende que a catequese não é aprender doutrina, mas ser introduzido no mistério do amor concreto de Deus que nos humaniza: "O Evangelho é o anúncio do amor de Deus que, em Jesus Cristo, nos chama a participar da sua vida. Portanto, a nova evangelização consiste nisto: adquirir consciência do amor misericordioso do Pai, a fim de nos tornarmos, também nós, instrumentos de salvação para os nossos irmãos. [...]

"É aqui que se insere a grande temática da *catequese como espaço, em cujo âmago a vida dos cristãos amadurece porque experimenta a misericórdia de Deus*. Não se trata de uma ideia abstrata de misericórdia, mas de uma experiência concreta com a qual compreendemos a nossa debilidade e a força que provém do Alto. [...]

"Como parte componente do processo de evangelização, a catequese tem necessidade de ir além da simples esfera escolar, para educar os fiéis desde a infância a *encontrar Cristo, vivo e dinâmico na sua Igreja*."[224]

Esse mesmo sentido transcendente, não disciplinar, aplica-o às vocações, à formação e à missão: "... a certeza de

---

[223] À comunidade da Pontifícia Universidade Gregoriana e dos Institutos Consagrados, 10 de abril de 2014.

[224] Aos participantes na plenária do Pontifício Conselho para a Promoção da Nova Evangelização, 29 de maio de 2015.

que não há nada mais bonito na vida do que pertencer para sempre e com todo o coração a Deus, e dar a vida a serviço dos irmãos".[225]

Em parte alguma aparece a instituição eclesiástica, mas o serviço à comunidade e ao mundo, o seguimento de Jesus Cristo, no qual o vocacionado precisa ser introduzido e prosseguir: "Quem é chamado ao ministério não é 'senhor' da sua própria vocação, mas administrador de um dom que Deus lhe confiou, para o bem de todo o povo, aliás, de todos os homens, até daqueles que se afastaram da prática religiosa ou não professam a fé em Cristo. Ao mesmo tempo, toda a comunidade cristã é guardiã do tesouro dessas vocações, destinadas a seu serviço, e deve sentir cada vez mais a tarefa de as promover, acolher e acompanhar com carinho. [...]

"Por isso, a formação não é um gesto unilateral, com o qual alguém transmite noções teológicas ou espirituais. A quantos chamava, Jesus não disse: 'Vem cá que te explico', 'Segue-me que te educo': não! Ao contrário, a formação conferida por Cristo aos seus discípulos teve lugar através de um 'vem e segue-me!', 'faze como eu!': este é o método que ainda hoje a Igreja quer aplicar aos seus ministros. A formação de que falamos é uma experiência de discipulado, que aproxima a Cristo e permite conformar-se cada vez mais com ele. [...]

"Cada vocação é para a missão, e a missão dos ministros ordenados consiste na evangelização, em cada uma das suas formas."[226]

---

[225] Aos participantes no Encontro dos Formadores da Vida Consagrada, promovido pela Congregação para os Institutos de Vida Consagrada e as Sociedades de Vida Apostólica, em 11 de abril de 2015.

[226] À plenária da Congregação para o Clero, 3 de outubro de 2014. Pede aos formadores da vida consagrada que sejam testemunhas e discípulos: "E para

Também à vida consagrada pede que deixe as estruturas e costumes que já não veiculam o carisma: "Nunca devemos ter medo de abandonar os 'odres velhos': ou seja, de renovar aqueles hábitos e estruturas que, na vida da Igreja e, portanto, também na vida consagrada, reconhecemos que deixaram de corresponder a quanto Deus nos pede hoje para fazer progredir o seu Reino no mundo: as estruturas que nos dão falsa proteção e que condicionam o dinamismo da caridade; os hábitos que nos afastam do rebanho ao qual somos enviados e nos impedem de ouvir o brado de quantos esperam a boa-nova de Jesus Cristo [...], a fim de avaliar o vinho novo e testar a qualidade dos odres que o devem conter, guiam-vos alguns critérios orientadores: a originalidade evangélica das escolhas, a fidelidade carismática, a primazia do serviço, a atenção aos mais frágeis, o respeito pela dignidade de cada pessoa".[227]

Essa volta ao carisma sem deter-se nos métodos, sacralizando-os de fato, é sua mensagem aos novos movimentos e comunidades: "Se é necessária uma certa institucionalização do carisma para a sua sobrevivência, não devemos iludir-nos que as estruturas possam garantir a ação do Espírito Santo. A novidade das vossas experiências não consiste

---

este testemunho estais chamados. É este o vosso ministério, a vossa missão. *Não sois apenas 'mestres'*; sois sobretudo testemunhas do seguimento de Cristo no vosso próprio carisma. E isso só pode ser feito se todos os dias redescobrirmos com alegria que somos discípulos de Jesus. Deriva disso também a exigência de cuidar sempre da vossa formação pessoal, a partir da amizade forte com o único Mestre" (aos participantes no Encontro dos Formadores da Vida Consagrada, promovido pela Congregação para os Institutos de Vida Consagrada e as Sociedades de Vida Apostólica, 11 de abril de 2015).

[227] Aos participantes no Encontro dos Formadores da Vida Consagrada, promovido pela Congregação para os Institutos de Vida Consagrada e as Sociedades de Vida Apostólica, em 27 de novembro de 2014.

nos métodos nem nas formas, que, contudo, são importantes; a novidade consiste na predisposição para responder com renovado entusiasmo à chamada do Senhor; foi essa coragem evangélica que permitiu o nascimento dos vossos movimentos e novas comunidades. Se formas e métodos são defendidos por si mesmos, tornam-se ideológicos, distantes da realidade que está em evolução contínua; fechados às novidades do Espírito, acabam por sufocar o próprio carisma que os gerou. [...] não fizestes uma instituição de espiritualidade assim [...] Não! Movimento! Sempre a caminho, sempre em movimento, sempre abertos às surpresas de Deus". Também os previne contra a pressão sobre os jovens para que sejam convertidos em seguidores despersonalizados: "O homem de hoje vive sérios problemas de identidade e tem dificuldade em fazer as suas opções; por isso, tem uma tendência a deixar-se condicionar, a delegar a outros as decisões importantes da vida. É preciso resistir à tentação de se substituir à liberdade das pessoas e a dirigi-las sem esperar que amadureçam realmente. Cada pessoa tem o seu tempo, caminha à sua maneira e devemos acompanhar este caminho. Um progresso moral ou espiritual obtido mediante a imaturidade das pessoas é um sucesso aparente, destinado a naufragar. Melhor poucos, mas sempre sem procurar o espetáculo!".[228]

Esse caráter de boa-nova que assinala seu ministério, distante de legalismos que provocaram profundas feridas, expressa-se de modo saliente no modo segundo o qual lida

---

[228] Aos participantes no III Congresso dos Movimentos Eclesiais e das Novas Comunidades, 22 de novembro de 2014. "Não pode reduzir-se a um museu de lembranças, de decisões tomadas, de normas de conduta" (ao Movimento Comunhão e Libertação, 7 de março de 2015).

com o ecumenismo, elevando-se à postura transcendente que nos iguala e nos une: "Parece que também a nós o Senhor pergunta: 'Do que faláveis pelo caminho?' (Mc 9,33). Quando Jesus fez esta pergunta aos seus discípulos, eles permaneceram em silêncio porque sentiam vergonha, tendo discutido entre eles sobre quem era o maior. Também nós nos sentimos confundidos pela distância que existe entre a chamada do Senhor e a nossa pobre resposta. Diante do seu olhar misericordioso, não podemos fingir que a nossa divisão não é um escândalo, um impedimento ao anúncio do Evangelho da salvação do mundo. A nossa vista muitas vezes está ofuscada pelo peso causado pela história das nossas divisões, e a nossa vontade nem sempre está livre daquela ambição humana que por vezes acompanha até o nosso desejo de anunciar o Evangelho segundo o mandamento do Senhor (cf. Mt 28,19).

"A meta da plena unidade pode parecer um objetivo distante, mas permanece sempre a meta rumo à qual devemos orientar cada passo do caminho ecumênico que estamos a percorrer juntos. Encontro encorajamento na sábia exortação do decreto sobre o ecumenismo do Concílio Vaticano II, que nos chama a levar adiante as nossas relações e a nossa colaboração sem pôr obstáculos às veredas da Providência e sem causar prejuízo aos futuros impulsos do Espírito Santo (cf. *Unitatis redintegratio*, 24)."[229] Francisco apresenta os passos necessários do caminho, passos que cada uma das partes precisa dar: "Na nossa separação foram cometidos, por ambas as partes, graves pecados e faltas humanas. Num espírito de perdão recíproco e de arrependimento humilde, hoje temos

---

[229] À *Sua Graça Justin* Welby, arcebispo de Canterbury, 16 de junho de 2014.

necessidade de fortalecer o nosso desejo de reconciliação e de paz. O caminho rumo à unidade começa com uma transformação do coração, com uma conversão interior (cf. *Unitatis redintegratio*, 4). Trata-se de um percurso espiritual, do encontro à amizade, da amizade à fraternidade e da fraternidade à comunhão. Ao longo deste itinerário, a mudança é inevitável! Devemos estar sempre dispostos a ouvir e a seguir as sugestões do Espírito que nos orienta para toda a verdade (cf. Jo 16,13)".[230] Pensa que o ecumenismo não é opcional, mas um mandato do Senhor; devemos inclinar-nos nessa direção com toda paciência, não apenas logrando acordos doutrinais, mas convergindo, principalmente, no testemunho: "... as relações ecumênicas e o diálogo não são elementos secundários na vida das Igrejas. A causa da unidade não constitui um compromisso opcional, e as divergências que nos dividem não devem ser aceitos como inevitáveis. Alguns gostariam de que, depois de cinquenta anos, houvesse mais resultados no que se refere à unidade. Não obstante as dificuldades, não podemos deixar-nos levar pelo desânimo, mas temos o dever de confiar ainda mais no poder do Espírito Santo, que pode purificar-nos e reconciliar-nos, realizando assim aquilo que, humanamente, parece impossível.

"Existe um vínculo forte que já nos une, para além de todas as divisões: é o testemunho dos cristãos, pertencentes a diversas Igrejas e tradições, vítimas de perseguições e violências somente por causa da fé que professam. Há tantos e não só hoje, pois penso nos mártires do Uganda, metade católicos e metade anglicanos. O sangue destes

---

[230] À delegação da Conferência Internacional dos Bispos Veterocatólicos da União de Utrecht, 30 de outubro de 2014.

mártires alimentará uma renovada época de compromisso no ecumenismo, uma nova e apaixonada vontade de cumprir o testamento do Senhor: para que todos sejam um (cf. Jo 17,21). O testemunho desses nossos irmãos e irmãs exorta-nos a ser ainda mais coerentes com o Evangelho e a esforçar-nos a fim de realizar, com determinação, aquilo que o Senhor deseja para a sua Igreja. Hoje em dia, o mundo tem urgentemente necessidade do testemunho comum e jubiloso, da parte dos cristãos, tanto na salvaguarda da vida e da dignidade humana como na promoção da paz e da justiça.

"Invoquemos juntos as dádivas do Espírito Santo, para sermos capazes de responder intrepidamente aos 'sinais dos tempos', que convocam todos os cristãos à unidade e ao testemunho comum."[231]

Francisco propõe uma boa-nova, não uma lei. Por isso a propõe com alegria, como ato de solidariedade. Não é por acaso que sua primeira Carta Apostólica se chame "A alegria do Evangelho". Em última instância, isso é o que ele tem para dar: a humanidade que brota do Evangelho e o foco emissor dessa humanidade, que outro não é senão Jesus de Nazaré. Por isso, em resumo, evangeliza Jesus; mas, como temos insistido desde o começo, não como o ícone sagrado de uma instituição, como a marca que quer se posicionar no mercado, nem, muito menos, como o Nome sagrado de que a instituição se serve para impor seus ditames, mas como o ser humano por excelência, cuja relação viva gera humanidade. Fala dele porque se sente humanizado por ele e para que essa humanidade concreta possa vivificar o maior

---

[231] Aos membros da Comissão Internacional Anglicano-Católica, 30 de abril de 2015.

número possível de pessoas. Porque a verdadeira alegria não nasce da posse, mas do encontro personalizante, e, em suma, do encontro de Deus e de Jesus conosco.[232]

Assim é que fala de Jesus como alguém que comunica a outrem um remédio experimentado com êxito, como ato de companheirismo. Eis por que o faz na cotidianidade e com a linguagem da cotidianidade, propondo-o com convicção. Tal como fazia Jesus: como uma oportunidade que não se pode deixar passar, não somente pela inaudita riqueza que encerra, mas pela desumanização que resulta do fechar-se a ela. Sempre se respeita a liberdade de cada um, mas o mau uso da liberdade tem um preço, para a própria pessoa e para as demais. Não é que Deus castigue; a pessoa é que se fecha à humanidade.

Além do mais, o encontro com Deus não pode ser programado, não é um curso, menos ainda pode ser comprado. É um acontecimento estritamente pessoal e, afinal, gratuito: "O encontro com Deus é uma graça. Nós podemos percorrer o caminho... Alguns encontram-no nas outras pessoas... É uma vereda que deve ser percorrida... Cada um deve encontrá-lo pessoalmente. Deus não se encontra por boatos,

---

[232] "A verdadeira alegria não vem das coisas, do ter, não! Nasce do encontro, da relação com os demais, nasce do sentir-se aceito, compreendido, amado e do aceitar, do compreender e do amar: e isso não pelo interesse de um momento, mas porque o outro, a outra, é uma pessoa. A alegria nasce da gratuidade de um encontro! É ouvir-se dizer: 'Tu és importante para mim', não necessariamente com palavras. Isso *é bonito... E é precisamente isso* que Deus nos faz compreender. Ao chamar-vos, Deus diz-vos: 'Tu és importante para mim, eu amo-te, conto contigo'. Jesus diz isso a cada um de nós! Disso nasce a alegria! A alegria do momento no qual Jesus olhou para mim. Compreender e sentir, isso é o segredo da nossa alegria. Sentir-se amado por Deus, sentir que para ele *nós não somos números, mas pessoas; e sentir que é ele que nos chama*" (Encontro com os Seminaristas, os Noviços e as Noviças, 6 de julho de 2013).

nem se paga para encontrar Deus. Trata-se de um caminho pessoal, é assim que o devemos encontrar".[233]

Por isso mesmo está consciente de que a instituição eclesiástica não é o sujeito evangelizador, enquanto os fiéis cristãos, meros receptores de sua mensagem e de sua ação. Pelo contrário, todo aquele que recebeu Deus e Jesus em seu coração se converte em sujeito evangelizador: "Naturalmente não se pretende uma evangelização realizada apenas por agentes qualificados, enquanto o resto do povo fiel seria apenas receptor das suas ações. Pelo contrário, temos de fazer de cada cristão um protagonista. 'Se uma pessoa experimentou verdadeiramente o amor de Deus que a salva, não precisa de muito tempo de preparação para sair a anunciá-lo, não pode esperar que lhe deem muitas lições ou longas instruções. Cada cristão é missionário na medida em que se encontrou com o amor de Deus em Cristo Jesus.' E, se alguém acolheu este amor que lhe devolve o sentido da vida, não poderá conter o desejo de o comunicar aos outros. Aqui está a fonte da ação evangelizadora. O coração crente sabe que, sem Jesus, a vida não é a mesma coisa. Pois bem! Aquilo que descobriu, o que o ajuda a viver e lhe dá esperança, isso deve comunicar aos outros".[234] Ademais, essa presença viva de Jesus Cristo levará a encontrar novas expressões da fé mais harmonizadas com as culturas: "E, se vive no crente, Cristo abrirá as páginas com o desígnio de Deus ainda seladas para as culturas locais, fazendo despontar outras formas de expressão, sinais mais eloquentes, palavras cheias de renovado significado".[235]

---

[233] Diálogo com um grupo de jovens da Bélgica, 31 de março de 2014.

[234] Aos bispos da Conferência Episcopal do Timor Leste, em visita *"ad limina apostolorum"*, 17 de março de 2014.

[235] Ibid.

Tudo isso pode parecer muito bonito, mas muito volátil. Não seriam mais eficazes medidas concretas, reformas específicas? Não seria isso o que se deveria esperar de um papa? Medellín, nesse momento, já expôs a adequada hierarquização de prioridades, considerada como de extrema urgência para o continente: "Não teremos um continente novo, sem novas e renovadas estruturas, mas, sobretudo, não haverá continente novo sem homens novos, que à luz do Evangelho saibam ser verdadeiramente livres e responsáveis" (1,3). Se não acontece essa renovação pessoal, esse adensamento do sujeito, conseguido na assídua relação com Deus Pai, até colocar-se confiantemente em suas mãos e entregar-se a seu desígnio, e nesse exercício de fraternidade, tanto com os pobres quanto com os cristãos, com os diferentes, inclusive com os que são considerados hostis, quem renovará as estruturas nesse sentido humanizador? Quem terá interesse e capacidade para fazê-lo, e para fazê-lo precisamente a partir da perspectiva do Evangelho?

Se o modo de produção determina o produto, uma reforma por via disciplinar ensejará mais e, no melhor dos casos, melhor disciplina, não outra coisa. No Concílio, alguns participantes, conforme os temas, propuseram reiteradamente que se emitissem condenações. Sempre triunfou a perspectiva de João XXIII, retomada expressamente por Paulo VI, que persistiu em propostas positivas, aperfeiçoadoras, em resumo, insistiu no Evangelho, que não se refere somente a determinados conteúdos, mas que estes sejam propostos como boa-nova e que sejam apresentados de tal modo que possam ser captados como tais. No entanto, contando sempre com a liberdade das pessoas. É-lhes proposta uma boa-nova, e, com misericórdia, busca-se seu verdadeiro bem, mas depende delas e elas é que devem decidir-se.[236] É importante observar que, para o papa, não há nada excluído da misericórdia de Deus; o único limite é não se abrir a ela: "Não existe pecado algum que Deus não possa perdoar! Nenhum! Só aquilo que é subtraído à divina misericórdia não pode ser perdoado, assim como quem se subtrai ao sol não pode ser iluminado nem aquecido".[237]

Esse método não disciplinar, que descarta a lógica organizacional, a mera democracia de fazer o que a maioria quer, desprezando inclusive as pressões para canalizar essa maioria segundo determinada percepção, recorrendo às influências e aos prestígios; esse propósito transcendente de que todos ultrapassem a si mesmos e se perguntem pela vontade de Deus, discernindo o impulso do Espírito, o que seria, hoje, o equivalente do que Jesus disse e fez em suas circunstâncias, o que Jesus faria em nossa situação, o que pede de nós, caso nos deixemos levar por seu mesmo Espírito – isso é que conferiu o tom à sua intervenção no sínodo sobre a família: "O sínodo é – enfatizou – uma expressão eclesial, ou seja, é a Igreja que caminha unida para ler a realidade

---

[236] "A religião tem o direito de exprimir a própria opinião para serviço das pessoas, mas Deus, na criação, tornou-nos livres: a ingerência espiritual na vida pessoal não é possível. Uma vez uma pessoa, de modo provocatório, perguntou-me se aprovava a homossexualidade. Eu, então, respondi-lhe com uma outra pergunta: 'Diz-me: Deus, quando olha para uma pessoa homossexual, aprova a sua existência com afeto ou rejeita-a, condenando--a?'. É necessário sempre considerar a pessoa. Aqui entramos no mistério do homem. Na vida, Deus acompanha as pessoas e nós devemos acompanhá-las a partir da sua condição. É preciso acompanhar com misericórdia. Quando isso acontece, o Espírito Santo inspira o sacerdote a dizer a coisa mais apropriada'" (entrevista ao papa, 19 de agosto de 2013).

[237] Aos participantes no curso promovido pelo Tribunal da Penitenciária Apostólica, 12 de março de 2015.

com os olhos da fé e com o coração de Deus; é a Igreja que se questiona sobre a sua fidelidade ao depósito da fé, que para ela não representa um museu para visitar nem só para salvaguardar, mas é uma fonte viva na qual a Igreja se dessedenta para matar a sede e iluminar o depósito da vida.

"Além disso, o sínodo é um espaço protegido no qual a Igreja experimenta a ação do Espírito Santo. No sínodo o Espírito fala através da língua de todas as pessoas que se deixam guiar pelo Deus que surpreende sempre, pelo Deus que revela aos pequeninos aquilo que esconde aos sábios e aos entendidos, pelo Deus que criou a lei e o sábado para o homem e não o contrário, pelo Deus que deixa as noventa e nove ovelhas para ir procurar a única ovelha tresmalhada, pelo Deus que é sempre maior do que as nossas lógicas e cálculos.

"Recordamos, contudo, que o sínodo só poderá ser um espaço da ação do Espírito Santo se nós, participantes, nos revestirmos de coragem apostólica, humildade evangélica e oração confiante.

"A coragem apostólica que não se deixa amedrontar diante das seduções do mundo, que tendem a apagar no coração dos homens a luz da verdade, substituindo-a com luzes pequenas e passageiras, nem sequer diante do empedernimento de alguns corações que – não obstante as boas intenções – afastam as pessoas de Deus", ressaltou o pontífice.

"A humildade evangélica que sabe esvaziar-se das próprias convenções e preconceitos para ouvir os irmãos bispos e encher-se de Deus. Humildade que leva a não apontar o dedo contra os outros para os julgar, mas a dar-lhes a mão para os ajudar a levantar-se, sem nunca se sentir superior a eles.

"A oração confiante é a ação do coração quando se abre a Deus, quando se silenciam os nossos humores para ouvir a suave voz de Deus que fala no silêncio. [...]

"Amados irmãos! – concluiu Francisco –, como disse, o sínodo não é um parlamento, onde para alcançar um consenso ou um acordo comum se recorre à negociação, a pactos ou a compromissos, mas o único método do sínodo é abrir-se ao Espírito Santo, com coragem apostólica, com humildade evangélica e com oração confiante; para que seja ele quem nos guia, ilumina e faz com que ponhamos diante dos nossos olhos não os nossos pareceres pessoais, mas a fé em Deus, a fidelidade ao magistério, o bem da Igreja e a *salus animorum.*"[238]

---

[238] Discurso do Santo Padre, 5 de outubro de 2015. Uma prova clara desse espírito de liberdade cristã, tão contrário ao ater-se aos protocolos, algo característico das instituições hierárquicas, é o pedido aos sinodais a que digam o que sentem: "Uma condição geral de base é a seguinte: falar claro. Que ninguém diga: 'Isso não se pode dizer; pensará de mim assim ou assim...' . É necessário dizer tudo o que se sente com *parrésia*. Depois do último consistório (fevereiro de 2014), no qual se falou sobre a família, um cardeal escreveu-me dizendo: é uma lástima que alguns purpurados não tiveram a coragem de dizer certas coisas por respeito ao papa, talvez julgando que o papa pensasse de outra maneira. Isso *não está bem, isso não é sinodalidade*, porque é necessário dizer tudo aquilo que, no Senhor, sentimos que devemos dizer: sem hesitações, sem medo. E, ao mesmo tempo, é preciso ouvir com humildade e aceitar de coração aberto aquilo que os irmãos dizem. A *sinodalidade* exerce-se com estas duas atitudes" (aos padres sinodais durante a 1ª Congregação Geral da III Assembleia Geral Extraordinária do Sínodo dos Bispos, 6 de outubro de 2014). Por isso, depois de discorrer sobre as tentações nas quais, segundo ele, se caiu no sínodo, acrescenta: "Pessoalmente, ficaria muito preocupado e triste, se não tivesse havido estas tentações e estes debates animados – este movimento dos espíritos, como lhe chamava Santo Inácio (cf. EE, 6) –, se todos tivessem estado de acordo ou ficassem taciturnos numa paz falsa e quietista. Ao contrário, vi e ouvi — com alegria e reconhecimento – discursos e intervenções cheios de fé, de zelo pastoral e doutrinal, de sabedoria, de desassombro, de coragem e de *parrésia*. E senti que, diante dos próprios

É altamente significativo dessa índole pastoral, extrovertida, dependente não da instituição, mas da família humana, que, falando do caminho das diversas Igrejas rumo à unidade, sublinhe a importância da oração: "Neste caminho a oração é fundamental. Unicamente com espírito de oração humilde e persistente nos será possível dispor da clarividência necessária, do discernimento e das motivações para prestar o nosso serviço à família humana, em todas as suas fragilidades e necessidades, tanto espirituais como materiais".[239] Dava a impressão de ter mudado de tema, mas não era assim, porque somente se uns e outros nos colocarmos a serviço da família humana com as atitudes de Jesus, poderemos alcançar a desejada unidade.

O Papa Francisco coloca-nos, como Igreja, no caminho de Jesus, propõe-nos suas atitudes básicas: salvar o que estava perdido, ir em busca do pecador, ser portadores da misericórdia de Deus, que é capaz de reabilitar. Ele enfatiza que não podemos realizar isso nem como funcionários[240] nem

---

olhos, se tinha o bem da Igreja, das famílias e a 'suprema lex', a 'salus animarum' (cf. cân. 1752). E isso – já o dissemos aqui na sala – sem nunca se pôr em discussão as verdades fundamentais do sacramento do Matrimônio: a indissolubilidade, a unidade, a fidelidade e a procriação, ou seja, a abertura à vida" (cf. cân. 1055 e 1056; Gaudium et spes, 48).

[239] Discurso a uma delegação do Conselho Ecumênico das Igrejas, 7 de março de 2014.

[240] "Prezados seminaristas, vós não vos preparais para desempenhar uma profissão, para ser funcionários de uma empresa ou de um organismo burocrático. Dispomos de tantos presbíteros a meio caminho! É uma lástima que não tenham conseguido alcançar a plenitude: têm alguns aspectos de funcionários, uma dimensão burocrática, e isso não beneficia a Igreja. Recomendo-vos que presteis atenção para não decair nisto! Preparais-vos para ser pastores à imagem de Jesus Bom Pastor" (aos seminaristas e sacerdotes do Pontifício Colégio Leonino de Anagni, 14 de abril de 2014). "O sacerdote é chamado a aprender a ter um coração que se comove. Os presbíteros

como representantes de uma lei ou de uma instituição, mas como pessoas cheias da mesma misericórdia de Deus, da qual também nos sabemos necessitados. Por isso, no fundo, apela a nosso sentido humano, à caridade de Cristo.[241] Para ele, essa é a atitude sinal, o caminho que, como dirigentes eclesiais, precisamos percorrer juntos. Por isso, como Jesus, apela, em última instância, à nossa liberdade, a nosso compromisso com o Senhor Jesus e com os irmãos em Cristo. Qualquer medida que não dimane dessa atitude não conduz à salvação cristã.

Se o que propõe a todos é encarnar-se e, para isso, sair tanto do autocentramento quanto da lógica corporativa, isso

---

– permiti que use esta palavra – 'ascetas', aqueles 'de laboratório', completamente limpos e bonitos, não ajudam a Igreja". [...] "A verdadeira misericórdia interessa-se pela pessoa, ouve-a atentamente, aproxima-se com respeito e com verdade da sua situação, acompanhando-a no caminho da reconciliação. Sim, não há dúvida, isso é cansativo. O sacerdote verdadeiramente misericordioso comporta-se como o bom samaritano... mas por que motivo age assim? Porque o seu coração é capaz de compaixão, é o Coração de Cristo!" (aos párocos da Diocese de Roma, 6 de março de 2014).

[241] Esse sentido humano precisa ter expressões muito concretas. Sublinhemos uma que propõe a seus sacerdotes de Roma e que propõe a si mesmo: "Para me explicar, também eu vos dirijo algumas interrogações, que me ajudam, quando um sacerdote vem ter comigo. Ajudam-me também quando me encontro a sós com o Senhor!" / "Dize-me: tu choras? Ou perdemos as lágrimas? Recordo que os missais antigos, aqueles de outrora, contêm uma oração extremamente bonita para pedir o dom das lágrimas. A oração encetava assim: 'Senhor, Vós que confiastes a Moisés o mandato de bater na pedra para que dela brotasse a água, batei na pedra do meu coração, para que eu verta lágrimas...': aquela oração era assim, mais ou menos assim. Era muito bonita! Contudo, quantos de nós choram diante do sofrimento de uma criança, perante a destruição de uma família, diante de tantas pessoas que não encontram o seu caminho? ... O pranto do sacerdote... Tu choras? Ou neste presbitério nós perdemos as lágrimas? /'Tu choras pelo teu povo? Dize-me, tu recitas a prece de intercessão diante do tabernáculo?'" (ibid.).

mesmo é o que propõe de modo muito concreto e altamente significativo aos bispos: "Sede pastores com o cheiro das ovelhas, presentes no meio do vosso povo como Jesus, Bom Pastor. A vossa presença não é secundária, mas indispensável. A presença! Quem a pede é o próprio povo, que quer ver o seu bispo caminhar com ele, estar próximo. Ele precisa disso para viver e para respirar! Não vos fecheis! Ide ao encontro dos vossos fiéis, também nas periferias das vossas dioceses e em todas aquelas 'periferias existenciais' onde existe sofrimento, solidão e degradação humana. Presença pastoral significa caminhar com o povo de Deus: caminhar à frente, indicando o rumo, apontando a vereda; caminhar no meio, para o fortalecer na unidade; caminhar atrás, tanto para que ninguém permaneça atrás como, sobretudo, para seguir a intuição que o povo de Deus tem para encontrar novas sendas. O bispo que vive no meio dos seus fiéis mantém os ouvidos abertos para escutar 'o que o Espírito diz às Igrejas' (Ap 2,7) e a 'voz das ovelhas', também através daqueles organismos diocesanos que têm a tarefa de aconselhar o bispo, promovendo um diálogo leal e construtivo. Não se pode pensar num bispo que não disponha desses órgãos diocesanos: consultório presbiteral, consultores, consultório pastoral e tesouraria. Isto significa permanecer precisamente com o povo. Esta presença pastoral permitir-vos-á conhecer a fundo também a cultura, os hábitos, os costumes do território e a riqueza de santidade nele presente. Imergi-vos na vossa grei!".[242]

A pessoas assumiram tão profundamente essa linguagem do papa, que odor das ovelhas, como sinal de autenticidade

---

[242] A um grupo de novos prelados participantes de um curso, organizado pela Congregação para os Bispos e a Congregação para as Igreja Orientais, 19 de setembro de 2013.

do ministério de um bispo ou de um pároco, converteu-se em verdadeiro lema eclesial.[243]

3.10 A partir da situação de minoria, assumida, sem complexo, como desafio cotidiano, como situação de "martírio", de testemunho árduo e alegre

Um aspecto que implica, como ele repetiu em várias ocasiões, uma verdadeira parrésia, isto é, uma imensa coragem para reconhecer a situação da Igreja nesta época e assumi--la a partir da fé esperançosa, é que, à exceção de algumas regiões, fundamentalmente a América e algumas zonas da África subsaariana, o Cristianismo é minoria. Assim o diz, por exemplo, a uma delegação da Finlândia.[244] Nessa situação, a

---

[243] "Se aos sacerdotes, na Quinta-feira Santa, pedi que sejam pastores com odor das ovelhas, a vós, queridos irmãos e irmãs, digo: sede em toda parte portadores da Palavra de vida nos nossos bairros, nos lugares de trabalho e em toda a parte onde as pessoas se encontram e desenvolvem relações" (aos participantes no Congresso Eclesial da Diocese de Roma, 17 de junho de 2013). "A comunidade evangelizadora entra na vida diária dos outros, encurta as distâncias, abaixa-se – se for necessário – até à humilhação e assume a vida humana, tocando a carne sofredora de Cristo no povo. Os evangelizadores contraem assim o 'cheiro de ovelha', e 'estas escutam a sua voz' (*Evangelii gaudium*, 24)" (aos bispos da Conferência Episcopal do Japão em Visita '*ad limina apostolorum*', 20 de março de 2015). Essa proximidade humana, a partir do coração de Jesus, em relação a seus sacerdotes, aos cristãos de suas dioceses e a todos, especialmente os mais necessitados, é o tema de fundo da alocução aos bispos de Moçambique (aos bispos da Conferência Episcopal de Moçambique, em visita "*ad limina apostolorum*", 9 de maio de 2015).

[244] "No nosso tempo, também o caminho ecumênico e as relações entre os cristãos atravessam mudanças significativas, devidas em primeiro lugar à constatação de que nos encontramos a professar a nossa fé no contexto de sociedades e culturas nas quais está cada vez menos presente a referência a Deus e tudo aquilo que evoca a dimensão transcendental da vida. Observamo-lo, sobretudo, na Europa, mas não só!" / "Precisamente por este motivo, é necessário que o nosso testemunho se concentre no âmago da

Igreja às vezes se sente envelhecida, sem poder para criar, fixada meramente, com crescente esforço, em suas tarefas estabelecidas, mas já sem possibilidade de conectar-se. A essa Igreja, pede conversão profunda a fim de voltar a ligar-se a seu Senhor vivo e deixar que ele a converta, para que possa novamente formar comunidade e sair para dar vida e acolher.[245] Assim o diz aos novos bispos: "Não bispos apagados ou pessimistas, que, apoiados só em si mesmos e, por conseguinte, na obscuridade do mundo ou resignados à aparente derrota do bem, gritem em vão que o forte foi assaltado. A vossa vocação não é ser guardas de uma massa falida, mas guardas da *Evangelii gaudium*".[246]

Diz a mesma coisa aos bispos da Ásia: "Quando olhamos para o grande continente asiático, com a sua vasta extensão de terras, as suas antigas culturas e tradições, tomamos consciência de que, no plano de Deus, as vossas comunidades cristãs são verdadeiramente um *pusillus grex*, um pequeno rebanho, ao qual, porém, foi confiada a missão de levar a luz do Evangelho até os confins da terra. É mesmo como a semente de mostarda... pequenino!".[247]

Aos jovens da Ásia, reunidos em Seul, destaca-lhes também a situação mundial na qual reina a idolatria do dinheiro, do poder e do prazer que produz terríveis desigualdades e a mais terrível desumanização naqueles que se entregam aos

---

nossa fé, no anúncio do amor de Deus que se manifestou em Cristo, seu Filho" (a uma delegação ecumênica da Finlândia, por ocasião da Festa de Santo Henrique, 17 de janeiro de 2014).

[245] Aos participantes do Congresso Pastoral da Diocese de Roma, 16 de junho de 2014.

[246] Aos prelados nomeados durante o último ano, 18 de setembro de 2014.

[247] Encontro com os bispos da Ásia, 17 de agosto de 2014.

ídolos. Nessa situação, na qual parece que Deus teria sido lançado fora do mundo, devem viver sua fé, que é sua fé em Cristo ressuscitado, que venceu o mundo, embora não mundanamente, mas superando o mal com o amor. Assegura-lhes que Cristo conta com eles para que testemunhem seu modo de vida e sua fecundidade. Contudo, precisam fazê-lo como a semente que, lançada na terra, germina a pouco e pouco.[248] Aos bispos do Chade, considerando que a Igreja, "não obstante a sua vitalidade e desenvolvimento, é muito minoritária no meio de um povo cuja maioria é muçulmana, o qual ainda está muito apegado às suas culturas tradicionais", reafirma

---

[248] "Quantas vezes nos parece que as sementes de bem e de esperança que procuramos semear acabam sufocadas pelos cardos do egoísmo, da inimizade e da injustiça; e não só ao redor de nós, mas também nos nossos corações. Preocupa-nos o desnível crescente entre ricos e pobres nas nossas sociedades. Vemos sinais de idolatria da riqueza, do poder e do prazer, que se *obtêm com custos altíssimos para a* vida humana. Ao nosso lado, muitos dos nossos amigos e coetâneos, embora rodeados de grande prosperidade material, sofrem de pobreza espiritual, solidão e silencioso desespero. Parece quase que Deus fora removido deste horizonte; é como se um deserto espiritual se estivesse propagando em todo o mundo. Este deserto atinge também os jovens, roubando-lhes a esperança e, em demasiados casos, até a própria vida"./ "E, no entanto, este é o mundo onde estais chamados a ir testemunhar o Evangelho da esperança, o Evangelho de Jesus Cristo e a promessa do seu Reino [...] Nas suas parábolas, Jesus ensina-nos que o Reino entra no mundo de forma humilde, e desenvolve-se silenciosa e constantemente onde é acolhido por corações abertos à sua mensagem de esperança e salvação. O Evangelho ensina-nos que o Espírito de Jesus pode trazer nova vida ao coração de todo o homem e transformar qualquer situação, mesmo aquela aparentemente sem esperança. Jesus pode transformar, pode transformar todas as situações! Essa é a mensagem que sois chamados a partilhar com os vossos coetâneos: na escola, no mundo do trabalho, nas vossas famílias, nas universidades e nas vossas comunidades"./ "Queridos jovens amigos, neste nosso tempo, o Senhor conta convosco! Estais prontos a dizer sim'"? (Encontro com os Jovens da Ásia, 15 de agosto de 2015). Pede também encarecidamente aos bispos que levem em conta os jovens na Igreja, que eles também ajudarão a própria Igreja (aos bispos da Conferência Episcopal da Coreia, em visita *"ad limina apostolorum"*, 12 de março de 2015).

que as obras de promoção não bastam, visto que é preciso fortalecer a fé dos fiéis em um contexto que, de múltiplos modos, tende a debilitá-la: "Mas certamente este compromisso com as obras sociais não poderá prover sozinho a toda a ação evangelizadora; um aprofundamento e uma radicação da fé no coração dos fiéis – que se traduzam numa verdadeira vida espiritual e sacramental – são indispensáveis a fim de que ela se torne capaz de resistir às provações, hoje numerosas, e para que os comportamentos dos fiéis se conformem em maior medida com as exigências do Evangelho, levando-os a progredir rumo a uma santidade autêntica. Isso é particularmente verdadeiro num país onde o peso de determinadas tradições culturais é muito forte, onde propostas religiosas mais fáceis no plano moral surgem em toda a parte e onde a secularização começa a fazer-se sentir".[249]

Entretanto, a partir da lei da encarnação, o cristão não pode fechar-se em si mesmo, visto que, como o sal e o fermento, ele não vive para si, mas para lançar-se na massa, até torná-la comestível e gostosa, até fecundá-la a partir de dentro, com a humanidade de Jesus e com seu Espírito. A Igreja não pode ser autorreferencial,[250] não pode es-

---

[249] Aos bispos da Conferência Episcopal do Chade, em visita *"ad limina apostolorum"*, 2 de outubro de 2014). Do mesmo modo aos de Benim: "Contudo, justamente frisais nos vossos relatórios que esta fé, que se expande cada vez mais, por vezes é superficial e não é sólida. Mas é importante que o desejo de um conhecimento profundo do mistério cristão não seja apanágio de uma elite, mas anime todos os fiéis, pois todos estão chamados à santidade. Ela é fundamental para que a Igreja no Benim possa resistir e vencer os ventos contrários que se levantam em todo o mundo e que não deixarão de soprar no vosso país" (aos bispos da Conferência Episcopal do Benim, em visita *"ad limina apostolorum"*, 27 de abril de 2015).

[250] "E para procurar Deus em todas as realidades, em todos os campos do saber, da arte, da ciência, da vida política, social e econômica, são necessários o

tar autocentrada.[251] Precisa ser, antes de mais nada, Igreja de Deus e de Jesus de Nazaré; convencer-se de que é a lua que reflete a luz do sol, e não se julgar estrela que tem luz própria.[252] E tem de saber que essa luz de Cristo não é para ela, mas para a vida do mundo, e por isso precisa lançar-se à humanidade, tem que jogar sua sorte com ela, deve ser uma Igreja *ad gentes* e *inter gentes* (Codina); e, principalmente, tem de ir às periferias a fim de fecundar o mundo a partir dos que o mundo joga fora, a partir da-

---

estudo, a sensibilidade e a experiência. [...] Tudo isto exige que se mantenham abertos o coração e a mente, evitando a enfermidade espiritual da autorreferencialidade. Também a Igreja, quando se torna autorreferencial, adoece e envelhece. O nosso olhar, bem fixo em Cristo, seja profético e dinâmico em relação ao futuro: deste modo, permanecereis jovens e audazes na leitura dos acontecimentos!" (Discurso do Papa Francisco aos membros da comunidade da revista *La Civiltà Cattolica*, em 14 de junho de 2013); cf. também Encontro com o Episcopado Brasileiro, Rio de Janeiro, 27 de julho de 2013; aos bispos responsáveis do Conselho Episcopal Latino-Americano (CELAM), 28 de julho de 2013; ao Movimento Comunhão e Libertação, 7 de março de 2015.

[251] O Papa Francisco acredita que na divisão com a Igreja Oriental interveio essa autorreferencialidade que deve dar lugar, como pediu João Paulo II, a uma melhor compreensão do primado (Conferência de Imprensa no Voo de Regresso da Turquia, 30 de novembro de 2014).

[252] "A Igreja é instituição, mas, quando se erige em 'centro', se funcionaliza e, pouco a pouco, se transforma em uma ONG. Então, a Igreja pretende ter luz própria e deixa de ser aquele '*mysterium lunae*' de que nos falavam os santos padres. Torna-se cada vez mais autorreferencial, e se enfraquece a sua necessidade de ser missionária. De 'Instituição' se transforma em 'Obra'. Deixa de ser Esposa, para acabar sendo Administradora; de Servidora se transforma em 'Controladora'. Aparecida quer uma Igreja Esposa, Mãe, Servidora, mais facilitadora da fé que controladora da fé" (aos bispos responsáveis do Conselho Episcopal Latino-Americano [CELAM], por ocasião da reunião geral de coordenação, 28 de julho de 2013). "Se não rezarmos, talvez sejamos sempre bons empresários pastorais e espirituais, mas a Igreja sem oração torna-se uma ONG, não tem aquela *unctio Spiritu Sancti*" (Encontro com os Sacerdotes Diocesanos, 26 de julho de 2014).

queles que os que comandam esta figura histórica consideram como sobrantes.[253]

Contudo, isso precisa ser feito a partir da consciência de sua pequenez, de que pareceria que suas energias estariam esgotadas e que não teria nada a dizer às pessoas; e, no entanto, com a consciência de que o Evangelho, se é entregue com o mesmo Espírito de Jesus, se é, hoje também, o fermento que pode fecundar a humanidade. Esta consciência, parecida com a fé dos primeiros séculos, de que se está em minoria, mas, também como então, com a confiança de que se tem um tesouro a comunicar às pessoas, é o que significa encarnar o espírito do Concílio em uma situação radicalmente distinta daquela que vigorava então.

Sua interpretação da parábola do pastor que deixa o rebanho para buscar a ovelha perdida não poderia ser mais crua e eloquente: "No Evangelho é bonito aquele trecho que nos fala do pastor que, quando volta ao redil, se apercebe que falta uma ovelha, deixa noventa e nove e vai procurá-la, vão procurar uma. Mas, irmãos e irmãs, nós temos

---

[253] "E requer partilha com o santo povo de Deus que vive nas periferias da história. Descentralização. Para viver e ser fecundo, cada carisma está chamado a descentralizar-se para que no cerne só permaneça Jesus Cristo. O carisma não deve ser conservado como uma garrafa de água destilada, mas há de ser fecundado com ânimo, confrontando-o com a realidade presente, com as culturas, com a história, como nos ensinam os grandes missionários dos nossos institutos" (aos participantes na Assembleia Nacional da Conferência Italiana dos Superiores Maiores (CISM). "Deveríamos questionar-nos: somos verdadeiramente uma Igreja unida a Cristo, para sair e para o anunciar a todos, inclusive e sobretudo àquelas que eu defino como as 'periferias existenciais', ou vivemos fechados em nós mesmos, nos nossos grupos e nas nossas pequenas igrejas? Ou amamos a Igreja grande, a Igreja-mãe, a Igreja que nos envia em missão e que nos faz sair de nós mesmos?" (aos peregrinos da Diocese de Brescia, no 50º aniversário da eleição de Paulo VI, 22 de junho de 2013).

uma; faltam-nos noventa e nove! Devemos sair, devemos ir ter com elas! Nesta cultura – digamos a verdade – temos só uma, somos minoria! E nós sentimos o fervor, o zelo apostólico de sair e ir ao encontro das outras noventa e nove? Esta é uma responsabilidade grande, e devemos pedir ao Senhor a graça da generosidade e a coragem e a paciência para sair, para ir anunciar o Evangelho".[254]

Francisco leva em consideração o desalento de não poucos que haviam prometido dedicar a vida à missão, não somente por seu Batismo, mas por sua consagração carismática; contudo, não dá ninguém por perdido. Ao contrário, chama-os a encarar com toda lucidez, e também com toda determinação, essa situação propensa ao desânimo, mas, muito mais, ocasião propícia para o mais alto grau de testemunho: "Devemos preparar-nos para a luta espiritual. Isto é importante. Não se pode pregar o Evangelho sem esta luta espiritual: uma luta de todos os dias contra a tristeza, contra a amargura, contra o pessimismo; uma luta de todos os dias! Semear não é fácil. É mais agradável colher, mas semear não é fácil, e esta é a luta de todos os dias dos cristãos.

"Isto chama-se – não vos assusteis –, chama-se martírio. O martírio é isto: lutar, todos os dias, para testemunhar. Isto é martírio. E a alguns o Senhor pede o martírio da vida, mas há outro martírio de todos os dias, de todas as horas: o testemunho contra o espírito do mal que não quer que sejamos evangelizadores."[255]

---

[254] Discurso do Papa Francisco aos participantes no Congresso Eclesial da Diocese de Roma, 17 de junho de 2013.

[255] Aos participantes no Congresso Eclesial da Diocese de Roma, em 17 de junho de 2013.

Perante esse espírito do mal, não é preciso ostentar uma atitude defensiva, mas, ao contrário, deve-se levar o testemunho até o extremo, é preciso evangelizar Jesus onde mais dele se precisa: nas periferias do sistema: "Gosto de usar a expressão 'ir às periferias', às periferias existenciais. Todas, da pobreza física e real à pobreza intelectual, que é também real. Todas as periferias, todas as encruzilhadas dos caminhos: ir lá. E ali lançar a semente do Evangelho, com a palavra e com o testemunho" (Discurso do Papa Francisco aos participantes no Congresso Eclesial da Diocese de Roma, em 17 de junho de 2013). Junto também ao Movimento Neocatecumenal, no ato do envio *ad gentes*, insiste no testemunho de vida.[256]

Essa saída de si dessa Igreja que tem consciência de sua pequenez, tem três harmônicos: "criatividade, transcendência e proximidade".[257]

Estas palavras têm a autoridade daquele que realiza isso incansavelmente e sem nenhum complexo, sem nenhum proselitismo, corporativismo ou propaganda, mas na cotidianidade e com a alegria de comunicar um verdadeiro tesouro.

---

[256] "Portanto, antes do que com a palavra, é com o vosso testemunho de vida que manifestais o coração da revelação de Cristo: que Deus ama o homem até se entregar à morte por ele e que foi ressuscitado pelo Pai para nos dar a graça de oferecer a nossa vida aos outros. O mundo de hoje tem extrema necessidade dessa grande mensagem. Quanta solidão, quanto sofrimento, quanta distância de Deus em tantas periferias da Europa e da América e em tantas cidades da Ásia! Quanta necessidade tem o homem de hoje, em todas as latitudes, de ouvir que Deus o ama e que o amor é possível! Essas comunidades cristãs, graças a vós, famílias missionárias, têm a tarefa essencial de tornar visível esta mensagem" (aos membros do Caminho Neocatecumenal, 26 de julho de 2014).

[257] Encontro com os Sacerdotes Diocesanos, 26 de julho de 2014.

No entanto, o segredo, o rumo e a força dessa saída só podem vir do encontro vivo com Cristo. A partir do que ele mesmo viveu, esta foi a experiência que teve no encontro com a juventude no Rio: "Jornada Mundial da Juventude no Rio de Janeiro: uma verdadeira festa da fé. Foi uma festa autêntica! Os cariocas sentiam-se felizes e tornaram-nos todos felizes. O tema daquela Jornada: 'Ide e fazei discípulos entre todas as nações', pôs em evidência a dimensão missionária da vida cristã, a exigência de sair ao encontro de quantos esperam a água viva do Evangelho, ao encontro dos mais pobres e dos excluídos. Pudemos sentir pessoalmente que a missão nasce na alegria contagiosa do encontro com o Senhor, que se transforma em esperança para todos".[258]

3.11 O motor de tudo é o encontro com Jesus de Nazaré e a entrega a ele

Queremos finalizar tematizando esse tesouro que preenche, comove e move Francisco e todos os crentes sinceros. Para eles, sem dúvida, é Jesus de Nazaré e seu Pai, e o Espírito de ambos, e a fraternidade das filhas e filhos de Deus que instauram e promovem.

Comecemos pelo princípio e fundamento: o papa fala de Jesus pessoalmente, por experiência. Diz, por exemplo, a

---

[258] Aos participantes na Assembleia Plenária do Pontifício Conselho para os Leigos, 7 de dezembro de 2013. Assim o diz também à Federação de Voluntários, e se pode dizer que a cada grupo: "... em mais de quarenta anos de vida, na vossa Federação trabalharam voluntários que foram verdadeiras testemunhas de caridade, artífices de paz, de justiça e de solidariedade. Encorajo-vos a prosseguir com alegria por este caminho de fidelidade ao homem e a Deus, pondo no centro cada vez mais a pessoa de Jesus" (à Federação dos Organismos Cristãos de Serviço Internacional Voluntário [FOCSIV], 4 de dezembro de 2014).

um grupo de jovens, referindo-se à sua vida religiosa: "Sessenta anos pelo caminho do Senhor, atrás dele, ao lado dele, sempre com ele. Digo-vos apenas isto: não me arrependi! Não me arrependi! Mas por quê? Porque me sinto como Tarzan, forte para ir em frente? Não, não me arrependi porque sempre, até nos momentos mais tenebrosos, nos momentos do pecado, nos momentos da fragilidade, nos momentos da falência, olhei para Jesus e confiei nele, e ele não me deixou sozinho".[259]

Uma constante na espiritualidade do papa é que, em nossa relação com Jesus, ele é sempre o primeiro, e é uma relação constante. Esta é a base de nossa condição de pessoas.[260] Nossa relação é sempre resposta: "Procuro Jesus, sirvo Jesus, porque ele me procurou primeiro, porque fui conquistado por ele: e este é o âmago da nossa experiência. Mas ele é o primeiro, sempre. Em espanhol existe uma palavra que é muito gráfica e explica bem isso: ele 'antecede-nos', 'ele nos *primerea*'. É sempre o primeiro. Quando nós chegamos, ele já chegou à espera por nós".[261]

Quando fala aos bispos, aos sacerdotes, aos jovens e, em geral, a quaisquer tipos de cristãos, a primeira coisa que lhes transmite é a alegria de haver encontrado o Cristo, de

---

[259] Encontro com os Jovens, 22 de setembro de 2013.

[260] "Ao chamar-vos, Deus diz-vos: 'Tu és importante para mim, eu amo-te, conto contigo'. Jesus diz isto a cada um de nós! Disso nasce a alegria! A alegria do momento no qual Jesus olhou para mim. Compreender e sentir isso é o segredo da nossa alegria. Sentir-se amado por Deus, sentir que para ele nós não somos números, mas pessoas; e sentir que é ele que nos chama" (Encontro com os Seminaristas, os Noviços e as Noviças, 6 de julho de 2013).

[261] Homilia no Dia da Memória de Santo Inácio de Loyola, 31 de julho de 2013. No encontro com Jesus, que é o crucial em nossas vidas, ele se adianta, vem por primeiro, e o faz perdoando-nos, entregando-nos sua misericórdia (ao Movimento Comunhão e Libertação, 7 de março de 2015).

segui-lo e de levá-lo aos demais: "Antes de tudo, gostaria de compartilhar convosco a *alegria de ser sacerdote*. A surpresa sempre nova de ser chamado, aliás, de ser chamado pelo Senhor Jesus. Chamado a segui-lo, a estar com ele para ir ao encontro dos outros levando-lhes ele, a sua palavra, o seu perdão... Para o homem não há nada mais bonito do que isso, não é verdade?".[262]

Contudo, se correspondermos à sua relação constante, entraremos na dinâmica do amor e nos descentraremos e sairemos em direção aos outros: "Quem coloca Cristo no centro da sua vida, descentraliza-se! Quanto mais te unes a Jesus e ele se torna o centro da tua vida, tanto mais ele te faz sair de ti mesmo, te descentraliza e abre aos outros. Este é o verdadeiro dinamismo do amor, este é o movimento do próprio Deus! Sem deixar de ser o centro, Deus é sempre dom de si, relação, vida que se comunica... E assim nos tornamos também nós, se permanecermos unidos a Cristo, porque ele faz-nos entrar nesse dinamismo do amor. Onde há verdadeira vida em Cristo, há abertura ao outro, há saída de si mesmo para ir ao encontro do outro no nome de Cristo".[263]

Por isso, sua proposta de Jesus não é a venda de um produto para lucro da instituição; ele sabe, por experiência, que não vende uma marca prestigiosa e enganosa; não oferece um medicamento genérico, mas oferece uma pessoa viva, uma companhia atuante e salvadora: "*Confiar em Jesus*, ter confiança em Jesus. E quando digo isso, quero ser sincero

---

[262] Encontro com os Sacerdotes Diocesanos, 21 de junho de 2014; Encontro com os Jovens das Dioceses dos Abruzos e Molise, 5 de julho de 2014.

[263] Discurso do Papa Francisco aos catequistas vindos a Roma, em peregrinação por ocasião do Ano da Fé e do Congresso Internacional de Catequese, 27 de setembro de 2013.

e dizer-vos: não venho aqui para vos vender uma ilusão. Eu venho aqui para dizer: há uma Pessoa que te pode levar em frente: confia nela! É Jesus! Confia em Jesus. E Jesus não é uma ilusão! Confiar em Jesus. O Senhor está sempre conosco. Vem às margens do mar da nossa vida, torna-se próximo das nossas falências, da nossa fragilidade, dos nossos pecados, para os transformar. [...] Sede sempre mais dóceis à Palavra do Senhor: é ele, é a sua Palavra, é o segui-lo que torna frutuoso o vosso compromisso de testemunho.

"Quando tudo parece estar parado e estagnante, quando os problemas pessoais nos preocupam, as dificuldades sociais não encontram as devidas respostas, não é bom dar-se por vencido. A fé em Jesus conduz-nos a uma esperança que vai além, a uma certeza fundada não só nas nossas qualidades e habilidades, mas na Palavra de Deus, no convite que vem dele.

"Fazei-vos ao largo, saí de vós mesmos; sair do nosso pequeno mundo e abrir-nos a Deus, para nos abrirmos cada vez mais aos irmãos. Abrir-nos a Deus abre-nos aos outros! Abrir-se a Deus e abrir-se aos outros. Dar alguns passos além de nós mesmos; pequenos passos, mas dai-os. Pequenos passos, saindo de vós mesmos rumo a Deus e aos outros, abrindo o coração à fraternidade, à amizade, à solidariedade."[264]

Daí se depreende o sentido da missão cristã: "... aquela paixão do ir a toda parte, a todas as periferias, para anunciar a todos o amor de Jesus Cristo, sobretudo aos distantes, falar dele aos pequeninos e aos pobres, e deixar-se também evangelizar por eles".[265] Assim o diz também às pessoas que ser-

---

[264] Encontro com os Jovens, 22 de setembro de 2013.

[265] Aos participantes no Encontro dos Formadores da Vida Consagrada, promovido pela Congregação para os Institutos de Vida Consagrada e as Sociedades de Vida Apostólica, 11 de abril de 2015.

vem a jovens necessitados e com problemas: "Convido-vos a deixar-vos instruir por estas jovens que acompanhais e ajudais. Mesmo enfrentando as dificuldades, elas testemunham muitas vezes as virtudes essenciais como a fraternidade e a solidariedade. Além disso, recordam-nos que somos frágeis e dependemos de Deus e dos outros. Que o olhar misericordioso do Pai nos toque e nos ajude a acolher a nossa pobreza para irmos em frente, com confiança, comprometendo-nos juntos na 'revolução da ternura'".[266]

Por isso, pede aos representantes pontifícios o que lhes é próprio e também o pede a cada cristão, que é ser discípulo missionário: "Dom Montini recordava que a figura do representante pontifício 'é a de alguém que tem verdadeiramente a consciência de levar Cristo consigo mesmo', como o bem precioso para comunicar, para anunciar, para representar. Os bens, as perspectivas deste mundo acabam por decepcionar, impelem ao descontentamento perene; o Senhor é o bem que não desilude, o único que não engana. E isso exige um desapego de nós mesmos, que só podemos alcançar através de uma relação constante com o Senhor e com a unificação da vida ao redor de Cristo".[267] O representante pontifício, segundo estas palavras, não representa um Estado, uma política, um chefe de Estado. Se se move nesse nível, vai decepcionar-se. O bem de que é portador é uma pessoa: Jesus de Nazaré como salvador daqueles aos quais é envidado. Isso não equivale a nenhuma receita nem proposta institucional; só pode ser oferecido como proposta se ele

---

[266] Aos membros da Associação Católica Internacional a Serviço da Juventude Feminina (ACISJF), 18 de abril de 2015.

[267] Discurso por ocasião do Encontro com os Núncios Apostólicos congregados no Vaticano, no âmbito das celebrações do Ano da Fé, 21 de junho de 2013.

próprio se vai configurando como cristão mediante a relação constante com o Senhor.

É o que diz aos catequistas: precisam falar de Cristo, do Evangelho, mas, acima de tudo, devem testemunhá-lo: "Guia-se para o encontro com Cristo, através das palavras e da vida, através do testemunho. Lembrai-vos daquilo que nos disse Bento XVI: 'A Igreja não cresce por proselitismo. Cresce por atração'. E aquilo que atrai é o testemunho. Ser catequista significa dar testemunho da fé; ser coerente na própria vida. E isso não é fácil. Não é fácil! Nós ajudamos, guiamos para chegarem ao encontro com Jesus através das palavras e da vida, através do testemunho. Gosto de recordar aquilo que São Francisco de Assis dizia a seus confrades: 'Pregai sempre o Evangelho e, se for necessário, também com as palavras'. As palavras têm o seu lugar... mas primeiro o testemunho: que as pessoas vejam na nossa vida o Evangelho, possam ler o Evangelho. E 'ser' catequista requer amor: amor cada vez mais forte a Cristo, amor a seu povo santo. E este amor não se compra nas lojas, nem se compra sequer aqui em Roma. Este amor vem de Cristo! É um presente de Cristo! É um presente de Cristo! E se vem de Cristo, parte de Cristo; e nós devemos recomeçar de Cristo, deste amor que ele nos dá".[268]

Esse deve ser o núcleo indispensável de todo o projeto pastoral: "Um programa pastoral que evoque o essencial e que esteja bem centrado no essencial, ou seja, em Jesus Cristo. É inútil dispersar-se em numerosas atividades secundárias ou até supérfluas, mas é preciso concentrar-se

---

[268] Discurso do Papa Francisco aos catequistas vindos a Roma em peregrinação por ocasião do Ano da Fé e do Congresso Internacional de Catequese, em 27 de setembro de 2013.

na realidade fundamental, que é o encontro com Cristo, com a sua misericórdia, com o seu amor, amando os nossos irmãos como ele mesmo nos amou".[269] "É preciso formar homens e mulheres novos e, para tal finalidade, é necessária uma escola de humanidade à medida da humanidade de Jesus. [...] É preciso formar 'homens-mundo', homens e mulheres com a alma, o coração e a mente de Jesus, e por isso capazes de reconhecer e de interpretar as necessidades, as preocupações e as esperanças que cada homem alberga no seu coração."[270]

Quando surgem conflitos étnicos ou a fé não esteve suficientemente inculturada, ou se preferem propostas mais leves, a única solução é a escuta da Palavra e o encontro pessoal com Jesus: "... é perceptível que a fé permanece frágil e que sopra o vento contrário. Com muita frequência – os conflitos recentes infelizmente o demonstraram –, os particularismos étnicos prevalecem sobre a fraternidade evangélica, muitos batizados, cansados ou desiludidos, afastam-se da luz da verdade e aderem a propostas mais fáceis, outros não põem em prática na sua vida as exigências da fé. Sem dúvida, a chave do futuro encontra-se, por um lado, num enraizamento mais profundo da Palavra de Deus nos seus corações. Sem dúvida, é necessário também aprofundar o diálogo com a realidade cultural e religiosa tradicional, a fim de chegar a uma inculturação autêntica da nossa fé, rejeitando sem ambiguidades tudo o que lhe é contrário e acolhendo e concretizando o que é bom. Por conseguinte, encorajo-vos

---

[269] Aos participantes na plenária do Pontifício Conselho para a Promoção da Nova Evangelização, em 14 de outubro de 2013.

[270] Aos participantes na Assembleia Geral dos Movimentos dos Focolares, 26 de setembro de 2014.

a perseverar incansavelmente na obra de evangelização. A formação dos leigos a todos os níveis, e em particular dos catequistas, cujo trabalho é indispensável e considerável – que eles sejam gratos –, deve abri-los ao 'encontro com um acontecimento, com uma Pessoa, que confere um novo horizonte à vida e a sua orientação decisiva' (*Deus caritas est*, 1)".[271]

Isso é o que ele diz também ao Movimento Comunhão e Libertação, fazendo-o extensivo aos carismas: "... o cerne não é o carisma, o centro é um só, é Jesus, Jesus Cristo! Quando insiro no âmago o meu método espiritual, o meu caminho espiritual, o meu modo de o pôr em prática, saio do caminho. Na Igreja toda a espiritualidade, todos os carismas devem ser descentralizados: no cerne só está o Senhor!".[272]

Entretanto, neste contexto pluricultural onde não se pode pressupor a fé cristã, a proposta de Jesus que devemos fazer aos cristãos nas plataformas de serviço público como, por exemplo, a educação, tem que conjugar o respeito absoluto por cada pessoa com a proposta explícita de Jesus como Evangelho, mediante o diálogo aberto: "As escolas e as universidades católicas são frequentadas por numerosos estudantes não cristãos, ou até não crentes. Os institutos de educação católicos oferecem a todos uma proposta educacional que visa ao desenvolvimento integral da pessoa e que corresponde ao direito de todos, de aceder ao saber e ao conhecimento. Mas são igualmente chamados a oferecer a todos – no pleno respeito pela liberdade de cada um e pelos métodos próprios do ambiente escolar – a proposta cristã, ou seja, Jesus Cristo como sentido da vida, do cosmos e da história.

---

[271] Aos bispos da Conferência Episcopal da Costa do Marfim, em visita *"ad limina apostolorum"*, 18 de setembro de 2014.

[272] Ao Movimento Comunhão e Libertação, 7 de março de 2015.

"Jesus começou a anunciar a boa-nova na 'Galileia das nações', encruzilhada de populações diferentes por raça, cultura e religião. Sob alguns pontos de vista, esse contexto parece-se com o mundo contemporâneo. As profundas transformações que levaram à propagação cada vez mais vasta de sociedades multiculturais, exigem de quantos trabalham nos campos escolar e universitário, o compromisso em itinerários educativos de confronto e de diálogo, com uma fidelidade intrépida e inovadora, que saiba levar a identidade católica ao encontro das diversas 'almas' da sociedade multicultural. Penso com apreço na contribuição oferecida pelos institutos religiosos e pelas demais instituições eclesiais com a fundação e a gestão de escolas católicas em contextos de acentuado pluralismo cultural e religioso."[273]

Esse sair para levar a Cristo deve ter em consideração as plataformas onde podemos encontrar aqueles aos quais queremos evangelizar; no caso dos jovens, um campo inevitável de evangelização são os meios digitais: "'Anunciar Cristo na era digital'. Trata-se de um campo privilegiado para a atividade dos jovens, para os quais a 'rede' constitui algo, por assim dizer, conatural. A internet é uma realidade difundida, complexa e em evolução contínua, e o seu desenvolvimento volta a propor a questão sempre atual da relação entre a fé e a cultura. [...] Inclusive entre as oportunidades e os perigos da rede é necessário 'examinar tudo', conscientes de que certamente encontraremos moedas falsas, ilusões perigosas e armadilhas que deverão ser evitadas. No entanto, orientados pelo Espírito Santo, havemos de descobrir

---

[273] Aos participantes na plenária da Congregação para a Educação Católica, 13 de fevereiro de 2014.

também oportunidades preciosas para conduzir os homens rumo ao rosto resplandecente do Senhor".[274]

Esse modo de vida é o que nos converte a todos em testemunha: "A fé é um dom de Deus, mas é importante que nós, cristãos, demonstremos que vivemos a fé de maneira concreta, através do amor, da concórdia, da alegria e do sofrimento, porque isso desperta interrogações, como no início do caminho da Igreja: por que vivem assim? O que os impele? São perguntas que levam ao cerne da evangelização, que é o *testemunho* da fé e da caridade. Do que precisamos, especialmente nesta época, são de testemunhas credíveis que, com a vida e também com a palavra, tornem o Evangelho visível, despertem a atração por Jesus Cristo e pela beleza de Deus".[275]

O fruto da contemplação de Jesus de Nazaré é revestir sua humanidade, ser humano como ele e transmitir essa humanidade. Isso vale para todos, inclusive para as monjas de clausura: "Quando ela caminha pela senda da contemplação

---

[274] Aos participantes na Assembleia Plenária do Pontifício Conselho para os Leigos, 7 de dezembro de 2013. O papa está bem consciente das ambiguidades e dos perigos, mas como as oportunidades são imensas, é preciso enfrentá-los: "Trata-se, antes de tudo, de encontrar mulheres e homens reais, muitas vezes feridos ou confundidos, para lhes oferecer verdadeiras razões de esperança. O anúncio exige relações humanas autênticas e diretas para levar a um encontro pessoal com o Senhor. Por conseguinte, a internet não é suficiente, a tecnologia não basta. Contudo, isso não quer dizer que a presença da Igreja na rede é inútil; pelo contrário, é indispensável estar presente, sempre com um estilo evangélico, naquele que para numerosas pessoas, particularmente para os jovens, se tornou uma espécie de ambiente de vida, para despertar as interrogações insuprimíveis do coração acerca do sentido da existência e indicar o caminho que leva rumo àquele que é a resposta, a Misericórdia divina que se fez carne, o Senhor Jesus" (ibid.).

[275] Aos participantes na plenária do Pontifício Conselho para a Promoção da Nova Evangelização, 14 de outubro de 2013.

de Jesus Cristo, da oração e da penitência com Jesus Cristo, torna-se profundamente humana. As religiosas de clausura são chamadas a ter uma grande humanidade, uma humanidade como aquela da Mãe-Igreja; humanas, para compreender todas as realidades da vida, para serem pessoas que sabem entender os problemas humanos, que sabem perdoar, que sabem rezar ao Senhor pelas pessoas. Eis a vossa humanidade! E a vossa humanidade percorre esse caminho, a Encarnação do Verbo, a vereda de Jesus Cristo. E qual é o sinal de uma religiosa tão humana? A alegria, o júbilo, quando há alegria! [...] E por isso é muito bonito quando as pessoas vão ao locutório dos mosteiros, pedem orações e falam dos seus problemas pessoais. Talvez a religiosa nada diga de extraordinário, mas uma palavra que lhe brota precisamente da contemplação de Jesus Cristo, porque a religiosa – como a Igreja – percorre o caminho que a leva a tornar-se perita em humanidade. E esse é o vosso caminho: não demasiado espiritual! [...] / Porque o Verbo veio na carne, Deus fez-se carne por nós, e isso dar-nos-á uma santidade humana, grandiosa, bonita e madura, uma santidade de mãe".[276]

Nestes tempos em que a humanidade dos seres humanos está tão desprezada, uma prova ineludível de humanidade é a misericórdia: "São necessários cristãos que tornem visível aos homens de hoje a misericórdia de Deus, a sua ternura por todas as criaturas. Todos nós sabemos que a crise da humanidade contemporânea não é superficial, mas profunda. Por isso, enquanto exorta a ter a coragem de ir contra a corrente, de se converter dos ídolos para o único Deus verdadeiro, a nova evangelização não pode deixar de recorrer

---

[276] Palavras do Santo Padre às monjas de clausura, 4 de outubro de 2013.

à linguagem da misericórdia, feita de gestos e de atitudes, antes ainda que de palavras".[277]

O papa enfatiza que, para ser solidários, é preciso ser humildes, mas não no sentido de apequenar-se até não ser capazes de fazer nada, mas no sentido de poder estar com os pobres e necessitados sem fazer-lhes sombra, fazendo-os sentir-se bem como o fez Jesus: "A humildade de Cristo não é moralismo, um sentimento. A humildade de Cristo é real, é a escolha de ser pequeno, de estar com os pequeninos, com os excluídos, de estar entre nós, todos pecadores. Atenção, não é uma ideologia! É um modo de ser e de viver que nasce do amor, nasce do coração de Deus".[278]

3.12 Jesus é encontrado nos pobres: eles são a carne de Cristo

Depois de ir à fonte de onde tudo mana, vamos desenvolver o ponto mais transformador, que é também o mais delicado e transcendente: o Papa Francisco insiste em que Jesus é encontrado nos pobres. Antes disso, precisamos sublinhar que sempre se refere ao amor preferencial de Jesus pelos pobres, pelos necessitados, pelos enfermos, pelos presos. Diz, por exemplo, a estes últimos: "O amor de Jesus por cada um de nós é fonte de conforto e de esperança. É uma certeza fundamental para nós: nada jamais nos poderá separar do amor de Deus! Nem sequer as grades de uma prisão. A única coisa que nos pode separar dele é o nosso pecado; mas, se o reconhecemos e o confessamos com arrependimento sincero,

---

[277] Aos participantes na plenária do Pontifício Conselho para a Promoção da Nova Evangelização, 14 de outubro de 2013.

[278] Encontro com os Pobres e os Presos, 22 de setembro de 2013.

precisamente aquele pecado torna-se lugar de encontro com ele, porque ele é misericórdia".[279]

Se isso é o que faz Jesus Cristo, aquele que vai até os pobres faz o mesmo que o Bom Pastor, que tem um cuidado especialíssimo com a ovelha necessitada, enferma ou perdida: "Para o bom pastor quem está distante, periférico, desorientado e desprezado, é objeto de maior atenção, e a Igreja não pode deixar de fazer sua essa predileção e atenção. Na Igreja, os primeiros são os que têm mais carência – humana, espiritual, material –, mais necessidades".[280] Por isso, ir aos pobres é dar testemunho de Cristo: "O serviço aos pobres e aos mais débeis é um testemunho verdadeiro prestado a Cristo que se fez pobre para se aproximar de nós e para nos salvar".[281] Diz aos movimentos populares: "... o amor pelos pobres está no centro do Evangelho. Terra, casa e trabalho, aquilo pelo que lutais, são direitos sagrados".[282] Esta é a fonte da alegria: "Sim, é uma verdadeira felicidade servir os outros, como Jesus".[283]

---

[279] Visita à Penitenciária "Giuseppe Salvia" e almoço com representantes dos encarcerados (Discurso entregue pelo Santo Padre), 21 de março de 2015.

[280] Encontro com os Pobres e os Presos, 22 de setembro de 2013. A respeito dos pobres como o centro da mensagem de Jesus, veja-se seu Diálogo com um grupo de jovens da Bélgica, 31 de março de 2014, respondendo à pergunta: "Vossa Santidade manifesta-nos de muitos modos o seu grande amor pelos pobres e pelas pessoas feridas. Por que motivo isso é tão importante para Vossa Santidade?".

[281] Aos bispos da Conferência Episcopal do Chade, em visita *ad limina apostolorum*, 2 de outubro de 2014.

[282] Aos participantes do Encontro Mundial de Movimentos Populares, 28 de outubro de 2014.

[283] Aos membros da Associação Católica Internacional a Serviço da Juventude Feminina (ACISJF), 18 de abril de 2015.

No entanto, quando vamos até os pobres, não apenas fazemos como Jesus, mas nos encontramos com ele. Francisco não se refere aos pobres como grupo, como categoria social, nem como causa. Refere-se à realidade concreta dos pobres, sua carne, em razão da qual são seres carentes, mas também por causa dela se abrem a partilhar com os demais. Pois bem, nessa carne sofredora e clamadora, nessa carne é onde fazemos a experiência de Cristo. Na experiência concreta dos pobres, em seu serviço real, respeitoso e mutuamente humanizador: "Padre Arrupe escreveu uma boa carta aos centros de pesquisa social, aos centros sociais da Companhia. Lá explicava como se deve estudar o problema social. Mas concluía, dizendo a todos nós: 'Olhai, não se pode falar de pobreza, sem fazer experiência com os pobres'. Tu falaste da geminação com o Quênia: a experiência com os pobres. Não se pode falar de pobreza, de pobreza abstrata... esta não existe! A pobreza é a carne de Jesus pobre, na criança que tem fome, na pessoa que está doente, nas estruturas sociais que são injustas. Ide, vede nos fundos marginalizados a carne de Jesus; mas não deixeis que vos roube a esperança, o bem-estar, o espírito do bem-estar que, no fim, faz de ti um nada na vida! O jovem deve apostar em altos ideais: este é o meu conselho. Mas a esperança, onde a encontro? Na carne de Jesus sofredor e na verdadeira pobreza. As duas estão interligadas".[284]

Diz a uma delegação de auxílio à Igreja Oriental que se havia encontrado com refugiados do Iraque e da Síria: "Levastes-lhes o olhar e a bênção do Senhor. Mas, ao mesmo

---

[284] Respostas do Santo Padre Francisco às perguntas dos representantes das escolas dos jesuítas na Itália e na Albânia, 7 de junho de 2013.

tempo, sentistes que naqueles olhares que pediam ajuda e suplicavam a paz e o retorno às próprias casas era o próprio Jesus que vos fitava, pedindo aquela caridade que nos faz ser cristãos. Para não cair no eficientismo nem num assistencialismo que não promove as pessoas nem os povos, cada obra de ajuda deve renascer sempre desta bênção do Senhor, que desce sobre nós quando temos a coragem de olhar para a realidade e para os irmãos que temos à nossa frente".[285] Diz também aos do Cottolengo: "A razão de ser desta Pequena Casa não é o assistencialismo nem a filantropia, mas o Evangelho: o Evangelho do amor de Cristo é a força que a fez nascer e ir em frente: o amor de predileção de Jesus pelos mais frágeis e débeis. Isto está no centro. Por isso uma obra como esta não progride sem a oração, que é a primeira e mais importante atividade da Pequena Casa, como o vosso Fundador gostava de repetir".[286]

Por isso, o Papa Francisco afirma que a festa do Natal, que é a festa do encontro de Deus com a humanidade no Menino Jesus, deve ser celebrada com os pastores, com os sofredores e com os solidarizados com eles: "Este Menino mostra a fidelidade e a ternura do amor incomensurável com que Deus circunda cada um de nós. Por isso o festejamos no Natal, revivendo a mesma experiência dos pastores de Belém, e juntamente com muitos pais e mães que fadigam todos os dias enfrentando muitos sacrifícios; juntamente com os pequeninos, os doentes, os pobres,

---

[285] Aos participantes na Assembleia da 88ª Reunião das Obras de Ajuda às Igrejas Orientais (ROACO), 15 de junho de 2015.

[286] Encontro com os Doentes e Portadores de Necessidades Especiais, 21 de junho de 2015.

festejemos, porque é a festa do encontro de Deus conosco em Jesus".[287]

Por isso as obras assistenciais e de solidariedade que os cristãos fazemos não são mera filantropia: "... as obras realizadas pela Igreja têm uma especificidade que deve ser claramente identificada: nunca se trata de uma simples assistência social, mas da manifestação da ternura e da misericórdia de Jesus que se inclina sobre as suas feridas e sobre as debilidades dos seus irmãos. É assim que, da maneira mais eficaz, a alegria do Evangelho é anunciada aos homens".[288]

Outra maneira de dizê-lo é que ele está onde se encontram os necessitados, sofrendo com eles, neles. Por exemplo, nas celas dos presos: "O Senhor está próximo, mas dizei com gestos, com palavras, com o coração que o Senhor não permanece fora, não está fora da sua cela, não permanece fora dos cárceres, mas está dentro, está ali. Podeis dizer isto: o Senhor está dentro, com eles; também ele é prisioneiro, ainda hoje, prisioneiro dos nossos egoísmos, dos nossos sistemas e de numerosas injustiças, porque é fácil punir os mais frágeis, enquanto os peixes grandes nadam livremente nas águas. Nenhuma cela está tão isolada a ponto de excluir o Senhor, nenhuma; ele está ali, chora com eles, trabalha

---

[287] Aos jovens da Ação Católica Italiana, 20 de dezembro de 2013. "Este é o Natal verdadeiro: festa da pobreza de Deus que se humilhou a si mesmo, assumindo a natureza de escravo (cf. Fl 2,6); de Deus que se põe a servir à mesa (cf. Mt 22,27); de Deus que se esconde aos inteligentes e sábios revelando-se aos pequeninos, simples e pobres (cf. Mt 11,25); do 'Filho do homem que não veio para ser servido, mas para servir e dar a sua vida em resgate por muitos' (Mc 10,45)" (Encontro com Todos os Funcionários do Estado da Cidade do Vaticano e Respectivos Familiares, 22 de dezembro de 2014).

[288] Aos bispos da Conferência Episcopal do Benim, em visita *ad limina apostolorum*, 27 de abril de 2015.

com eles e espera com eles; o seu amor paterno e materno chega a toda parte. Rezo para que todos abram o seu coração a este amor".[289] Assim o diz também aos armênios, ao lembrar os cem anos do genocídio pelas mãos do império turco: "Mas para os crentes a pergunta acerca do mal praticado pelo homem introduz também no mistério da participação na Paixão redentora". E assegura-lhes: "As páginas dolorosas da história do vosso povo, num certo sentido, dão continuidade à paixão de Jesus, mas em cada uma delas é colocado o rebento da sua Redenção".[290]

Na *Evangelii gaudium* observa essa mútua referência entre Jesus e os pobres, demonstrando sua centralidade no Cristianismo: "Deriva da nossa fé em Cristo, que se fez pobre e sempre se aproximou dos pobres e marginalizados, a preocupação pelo desenvolvimento integral dos mais abandonados da sociedade" (186). Por isso, "hoje e sempre, 'os pobres são os destinatários privilegiados do Evangelho'" (48). Em seguida, trata detalhadamente da relação dos pobres com a revelação que culmina na vida de Jesus: "No coração de Deus, ocupam lugar preferencial os pobres, tanto que até ele mesmo 'se fez pobre' (2Cor 8,9). Todo o caminho da nossa redenção está assinalado pelos pobres. Esta salvação veio a nós, através do 'sim' duma jovem humilde, duma pequena povoação perdida na periferia dum grande império. O Salvador nasceu num presépio, entre animais, como sucedia com os filhos dos mais pobres; foi apresentado no Templo, juntamente com dois pombinhos, a oferta de quem não podia permitir-se pagar um cordeiro (cf. Lc 2,24; Lv 5,7);

---

[289] Aos capelães das prisões italianas, 23 de outubro de 2013.

[290] Ao Sínodo Patriarcal da Igreja Armênio-Católica, 9 de abril de 2015.

cresceu num lar de simples trabalhadores, e trabalhou com suas mãos para ganhar o pão. Quando começou a anunciar o Reino, seguiam-no multidões de deserdados, pondo, assim, em evidência o que ele mesmo dissera: 'O Espírito do Senhor está sobre mim, porque me ungiu para anunciar a boa-nova aos pobres' (Lc 4,18). A quantos sentiam o peso do sofrimento, acabrunhados pela pobreza, assegurou que Deus os tinha no âmago do seu coração: 'Felizes vós, os pobres, porque vosso é o Reino de Deus' (Lc 6,20); e com eles se identificou: 'Tive fome e destes-me de comer', ensinando que a misericórdia para com eles é a chave do céu (cf. Mt 25,34-40) (197)".[291]

---

[291] O texto de Mateus 25 é, para o Papa Francisco, um texto paradigmático. Estas citações o provam: "Nas bem-aventuranças: dizem-te o que deves fazer. Jesus, o programa de Jesus, é concreto. Muitas vezes penso que as bem-aventuranças são a primeira encíclica da Igreja. É verdade, porque elas contêm todo o programa. E depois também é muito concreto o protocolo sobre o qual todos seremos julgados: Mateus 25" (Encontro do Papa Francisco com os Religiosos e Religiosas de Roma, 16 de maio de 2015). "Nós, cristãos, temos algo muito bonito, uma linha de ação, um programa, poderíamos dizer, revolucionário. Recomendo-vos vivamente que o leiais, que leiais as bem-aventuranças no capítulo 5 de *São Mateus* e 6 de *São Lucas (cf.* Mt 5,3 e Lc 6,20), e também o trecho de Mateus 25. Disse isso aos jovens no Rio de Janeiro, nestas duas narrações tem o programa de ação" (aos participantes no Encontro Mundial dos Movimentos Populares, 28 de outubro de 2014). "Os pobres estão no centro do Evangelho; mas estão também no início e no fim. Jesus, na sinagoga de Nazaré, fala claro, no início da sua vida apostólica. E, quando fala do último dia, dando-nos a conhecer o 'protocolo' segundo o qual todos nós seremos julgados – Mateus 25 –, também lá aparecem os pobres" (Encontro com os Bispos da Coreia, 14 de agosto de 2014). "Sou crente, creio em Deus, creio em Jesus Cristo e no seu Evangelho, e o cerne do Evangelho é o anúncio aos pobres. Por exemplo, quando tu lês as bem-aventuranças, ou quando lês o capítulo 25 de Mateus, vês ali como Jesus é claro a este propósito. [...] Porque este é o âmago do Evangelho" (Diálogo com um grupo de jovens da Bélgica, 31 de março de 2014). "Amo o pobre, a viúva, o escravo, quem está na prisão... Pensemos no 'protocolo' sobre o qual seremos julgados: Mateus 25. Amo todos estes, porque essas pessoas que sofrem são a carne de Cristo" (visita privada do Santo Padre a

Teorizando isso que o papa disse por último, podemos dizer que os pobres são o primeiro sacramento de Jesus, em analogia com os da Igreja. O sacramento é a presença real

---

Caserta, para o encontro com o pastor evangélico Giovanni Traettino, 28 de julho de 2014). "No fim dos tempos, só serão admitidos à contemplação da carne glorificada de Cristo aqueles que não se tiverem envergonhado da carne do seu irmão ferido e excluído./ Confesso-vos — e isto faz-me bem – que às vezes leio o elenco sobre o qual eu serei julgado, faz-me bem: ele encontra-se no capítulo 25 de Mateus" (aos párocos da Diocese de Roma, 6 de março de 2014). "O critério com que tratarmos os pobres será o mesmo com que seremos julgados (cf. Mt 25,40.45). Peço a todos vós e a quantos são responsáveis pelo bem da sociedade que reafirmem o compromisso com a justiça social e o resgate dos pobres" (Encontro com Sacerdotes, Religiosas, Religiosos, Seminaristas e Famílias, 17 de janeiro de 2015). "Muitos me perguntarão: 'Padre, por que falas tanto dos necessitados, das pessoas necessitadas, das pessoas excluídas, das pessoas que estão à margem do caminho?' Simplesmente porque esta realidade e a resposta a esta realidade estão no coração do Evangelho. E precisamente porque a atitude que tomemos diante desta realidade está inscrita no protocolo mediante o qual seremos julgados, segundo o capítulo 25 de Mateus" (Encontro com a Sociedade Civil, 7 de julho de 2015). "'Tem confiança, entra na chaga do seu lado e contemplarás o amor daquele Coração'. Se te aproximares, se tocares as feridas da humanidade — e nisto consiste a doutrina católica –, tocarás o Senhor ferido. Encontrarás isso no capítulo 25 de Mateus, e não sou herege quando o digo. Quando tocares as chagas do Senhor, entenderás um pouco mais o mistério de Cristo, do Deus encarnado. É precisamente essa a mensagem de Inácio, na espiritualidade: uma espiritualidade em cujo âmago está Jesus Cristo, e não as instituições, nem as pessoas, não! Jesus Cristo, mas Cristo encarnado! [...] indica esta vereda: entrar no coração de Deus através das feridas de Jesus Cristo. Cristo ferido nos famintos, nos ignorantes, nos descartados, nos idosos sozinhos, nos doentes, nos presos, nos loucos... Ele está ali" (Encontro do Papa Francisco com as Comunidades de Vida Cristã (CVX) – Liga Missionária de Estudantes da Itália, em 30 de abril de 2015). Veja-se também visita ao Centro Caritativo da Paróquia de São Patrício e Encontro com os Sem-Abrigo, 24 de setembro de 2015; Encontro com os Bispos dos Estados Unidos da América, 23 de setembro de 2015; Encontro do Papa Francisco com os Religiosos e Religiosas de Roma, 16 de maio de 2015; Encontro com os Doentes na Basílica "Gesù Nuovo", 21 de março de 2015; visita aos presidiários, aos funcionários da Penitenciária e suas famílias, 21 de junho de 2014; aos participantes da 31ª edição da International Drug Enforcement Conference, 21 de junho de 2014.

na ausência real. Como Jesus não está aqui em pessoa (cf. Mc 16,6), está realmente nos pobres: no serviço que se faz ou se deixa de fazer a eles, servimos ou deixamos de servir ao próprio Jesus de Nazaré, independentemente de que o saibamos ou não. Ademais, eles são a porta para os outros sacramentos, embora, no campo biográfico, uma pessoa possa ter ido até os pobres por causa de seu encontro com o Senhor nos Evangelhos.

Fiquemos com a expressão mais forte e mais característica do Papa Francisco: os pobres são a carne de Cristo.[292]

---

[292] "É o mistério da carne de Cristo: não se compreende o amor pelo próximo, não se entende o amor pelo irmão, se não se compreende este mistério da Encarnação. Amo o irmão porque também ele é Cristo, é como Cristo, é a carne de Cristo. Amo o pobre, a viúva, o escravo, quem está na prisão... Pensemos no 'protocolo' sobre o qual seremos julgados: Mateus 25. Amo todos estes, porque essas pessoas que sofrem são a carne de Cristo, e a nós que estamos neste caminho da unidade fará bem tocar a carne de Cristo. Ir às periferias, precisamente onde há tantas necessidades, ou – digamos melhor – *há muitos necessitados, tantos... Também necessitados de Deus, que têm fome* – mas não de pão, têm muito pão – de Deus! E ir lá, para dizer esta verdade: Jesus Cristo é o Senhor e ele salva-te. Mas ir sempre tocar a carne de Cristo!" (visita privada do Santo Padre a Caserta, para o Encontro com o pastor evangélico Giovanni Traettino, 28 de julho de 2014). "A vós, doentes, digo-vos que se não conseguis compreender o Senhor, peço ao Senhor que vos faça compreender no coração que sois a carne de Cristo, que sois Cristo crucificado entre nós, que sois os irmãos muito próximos de Cristo. Uma coisa é olhar para um crucifixo, outra é olhar para um homem, para uma mulher, para uma criança doentes, ou seja, crucificados ali na sua doença: são a carne viva de Cristo. / A vós, voluntários, muito obrigado! Muito obrigado por empregardes o vosso tempo acariciando a carne de Cristo, servindo Cristo crucificado, vivo. Obrigado! E também a vós, *médicos e enfermeiros*, digo obrigado" (Encontro com os Doentes na Basílica "Gesù Nuovo", 21 de março de 2015). "Cada pessoa doente e frágil possa ver no vosso rosto o rosto de Jesus; e que também vós possais reconhecer na pessoa sofredora a carne de Cristo. Os pobres, também os pobres de saúde, são uma riqueza para a Igreja; e vós da UNITALSI, juntamente com muitas outras realidades eclesiais, recebestes o dom e o compromisso de recolher essa riqueza, para ajudar a valorizá-la, não só para a própria Igreja mas para toda a sociedade"

(aos associados da UNITALSI no 110º aniversário de sua Fundação, 9 de novembro de 2013). "A grandeza do amor revela-se ao cuidar de quem necessita, com fidelidade e paciência; portanto, é grande no amor quem sabe tornar-se pequeno para os outros, como Jesus, que se fez servo. Amar significa estar próximo, tocar a carne de Cristo nos pobres e nos últimos, abrir à graça de Deus as necessidades, os apelos, as solicitudes das pessoas que nos circundam" (Encontro com os Jovens, 21 de junho de 2015). "Nós, cristãos, além do mais, temos outro motivo, e maior, para amar e servir os pobres, pois neles, temos o rosto, vemos o rosto e carne de Cristo, que se fez pobre para nos enriquecer com a sua pobreza' (cf. 2Cor 8,9), os pobres são a carne de Cristo" (Encontro com os Representantes da Sociedade Civil, 11 de julho de 2015). "Os conventos vazios não são vossos, são para a carne de Cristo que são os refugiados" (visita ao "Centro Astalli" de Roma, para assistência aos refugiados, em 10 de setembro de 2013). "Caros amigos, no cumprimento cotidiano do vosso serviço, pensemos sempre na carne de Cristo presente nos pobres, em quantos sofrem, também nas crianças indesejadas, nas pessoas portadoras de deficiências físicas, ou psíquicas, nos idosos" (aos participantes na Sessão Plenária do Pontifício Conselho para a Pastoral no Campo da Saúde, 24 de março de 2014). "Todos estamos chamados a ser pobres, a despojar-nos de nós mesmos; e por isso devemos aprender a estar com os pobres, partilhar com quem não tem o necessário, tocar a carne de Cristo!" (Encontro com os Pobres Assistidos pela Cáritas, 4 de outubro de 2013). Outras vezes, em lugar de carne, diz rosto: "No ser humano frágil, cada um de nós é convidado a reconhecer o rosto do Senhor, que na sua carne humana experimentou a indiferença e a solidão às quais frequentemente condenamos os mais pobres, tanto nos países em fase de desenvolvimento como nas sociedades abastadas". / "Amadurecendo a consciência de que no âmago da atividade médica e assistencial se encontra a pessoa humana na condição de fragilidade, a estrutura de assistência à saúde torna-se um lugar em que a relação de cura não é profissão – a vossa relação de cura não constitui uma profissão –, mas missão; onde a caridade do Bom Samaritano é a primeira cátedra; e o rosto do homem sofredor, a Face do próprio Cristo" (aos ginecologistas católicos participantes de uma Conferência Mundial, organizada pela Federação Internacional das Associações Médicas Católicas, 20 de setembro de 2013). "Caros amigos, no cumprimento cotidiano do vosso serviço, pensemos sempre na carne de Cristo presente nos pobres, em quantos sofrem, também nas crianças indesejadas, nas pessoas portadoras de deficiências físicas, ou psíquicas, nos idosos" (aos participantes na Sessão Plenária do Pontifício Conselho para a Pastoral no Campo da Saúde, 24 de março de 2014). "O tráfico de seres humanos é uma ferida no corpo da humanidade contemporânea, uma chaga na carne de Cristo. Trata-se de um delito contra a humanidade" (aos

É óbvio que enquanto viveu, os pobres foram seu hábitat e ele tematizou essa posição vital dizendo que havia sido enviado para evangelizar os pobres, não no sentido de que iriam deixar de ser pobres, mas no de que já não estavam desvalidos, porque Deus se lhes entregava como Pai e padrinho e lhes entregava seu Reino: na fraternidade de Jesus, tornava-se Pai deles com entranhas de mãe, e prometia integrá-los para sempre em sua comunidade divina.

Muitos pobres aceitaram essa proposta, captando que, em Jesus, Deus os visitava e libertava. Esses que caminharam apoiados nessa relação agraciadora são pobres de espírito, visto que vivem apoiados na misericórdia gratuita e incondicional de Deus entregue em Jesus, e são também pobres com espírito: os pobres que receberam realmente a revelação dos mistérios do reino que Jesus proclamava e realizava. Francisco insiste em que eles são o coração da Igreja e que temos de colocá-los em seu discipulado. Até aqui chega a relação entre pobres e Jesus de Nazaré. Contudo, além disso, a relação absoluta com Jesus nos pobres consiste em servi-lo ao servi-los. De fazer isso ou não depende nossa sorte eterna.

---

participantes no Encontro sobre o Tráfico de Pessoas, 10 de abril de 2014). "Quantos dos nossos irmãos e irmãs estão a sofrer uma perseguição diária! Quando pensamos no seu sofrimento, vem-nos espontâneo ir além das distinções de rito ou de confissão: neles o Corpo de Cristo, ainda hoje, é ferido, humilhado" (a Sua Santidade Mar Dinkha IV Catholicos Patriarca da Igreja Assíria do Oriente, 2 de outubro de 2014). "Queridos irmãos doentes, sois membros preciosos da Igreja, sois a carne de Cristo crucificado que temos a honra de tocar e servir com amor. Com a graça de Jesus, podeis ser testemunhas e apóstolos da Divina Misericórdia que salva o mundo. Olhando para Jesus crucificado, cheio de amor por nós, e também com a ajuda de quantos cuidam de vós, encontrais força e consolação para carregar a vossa cruz todos os dias" (Encontro com os Doentes e Portadores de Necessidades Especiais, 21 de junho de 2015).

Por isso, para o Papa Francisco, é um grave pecado instrumentalizar os pobres, que são a carne de Cristo, a fim de adquirir prestígio pessoal ou institucional: "Alguns apresentam-se bons, da sua boca só saem palavras sobre os pobres; outros instrumentalizam os pobres para interesses pessoais ou do próprio grupo. Eu sei, isso é humano, mas não está bem! Não é de Jesus. E digo mais: isso é pecado! É pecado grave, porque é usar os necessitados, os que estão em dificuldade, que são a carne de Jesus, para a minha vaidade. Uso Jesus para a minha vaidade, e isso é pecado grave! Seria melhor que essas pessoas ficassem em casa!".[293]

3.13 Jesus fala-nos nos Evangelhos; precisamos alimentar-nos deles, e eles são o tesouro que temos de passar adiante

A partir do enfoque vital, universal e, de certo modo, atemático que é aliança com os pobres, seguindo Jesus de Nazaré, como lugar onde nos encontramos com ele, com sua carne, o Papa Francisco passa ao enfoque histórico: a Tradição que nos comunica Jesus de Nazaré, contemplado à luz da Páscoa: são os santos Evangelhos. Para o Papa Francisco, os Evangelhos são um lugar imprescindível para os cristãos, hoje, um lugar que não pode ser substituído por nenhuma doutrina: "Temos que fazer com que nas regulares atividades de todas as comunidades cristãs, nas paróquias, nas associações e nos movimentos, haja a real preocupação do encontro pessoal com Cristo que se comunica a nós na sua Palavra, porque, como nos ensina

---

[293] Encontro com os Pobres e os Presos, 22 de setembro de 2013.

São Jerônimo, 'a ignorância das Escrituras é ignorância de Cristo' (*Dei Verbum*, 25)".[294]

O texto mais amplo que conhecemos se refere à Palavra de Deus, mas supõe que são principalmente os Evangelhos, porque insiste que Jesus nos fala através dela. Para o Papa Francisco, a Palavra precisa converter-se na fonte de toda a nossa vida, não somente da pregação ou da catequese, mas da educação no sentido mais amplo e de toda a nossa orientação vital. Ela, assimilada, é o que devemos transmitir em nosso contato com os demais: "É a Palavra de Deus que suscita a fé, que a alimenta e regenera. É a Palavra de Deus que sensibiliza os corações, que os converte a Deus e à sua lógica, que é tão diferente da nossa; é a Palavra de Deus que renova continuamente as nossas comunidades...

"Penso que todos nós podemos melhorar um pouco nesse aspecto, tornando-nos todos mais ouvintes da Palavra de Deus, para sermos menos ricos com as nossas palavras e mais ricos com as suas palavras. Penso no sacerdote que tem a tarefa de pregar. Como pode pregar, se antes não abriu o seu coração, não ouviu no silêncio a Palavra de Deus? [...] Penso no pai e na mãe, que são os primeiros educadores: como podem educar, se a sua consciência não for iluminada pela Palavra de Deus, se o seu modo de pensar e de agir não se deixar orientar pela Palavra; que exemplo podem dar aos seus filhos? Isso é importante, porque depois o pai e a mãe queixam-se: 'Esse filho...'. Mas tu, que testemunho lhe ofereceste? Como lhe falaste? Da Palavra de Deus, ou da palavra do noticiário televisivo? O pai e a mãe devem falar da Palavra de Deus! E penso nos catequistas, em todos os educadores:

---

[294] Aos participantes na Assembleia Plenária da Federação Bíblica Católica (FEBIC), 19 de junho de 2015.

se o seu coração não for aquecido pela Palavra, como podem sensibilizar os corações dos outros, das crianças, dos jovens e dos adultos? Não é suficiente ler as Sagradas Escrituras, mas é preciso ouvir Jesus que fala através delas: é precisamente Jesus quem fala nas Escrituras, é Jesus quem fala nelas. É necessário que sejamos antenas receptoras, sintonizadas na Palavra de Deus, para sermos antenas transmissoras! Recebe-se e transmite-se. É o Espírito de Deus que vivifica as Escrituras, que no-las faz compreender profundamente, no seu sentido verdadeiro e integral! Interroguemo-nos, como o faz uma das perguntas em vista do sínodo: que lugar ocupa a Palavra de Deus na minha existência, na vida de todos os dias? Estou sintonizado com Deus, ou com tantas palavras da moda ou ainda comigo mesmo? Uma pergunta que cada um de nós deve formular."[295]

O que ele diz a respeito da Palavra, di-lo mais expressamente sobre os Evangelhos, por exemplo, aos consagrados, na carta apostólica que lhes escreve por ocasião do Ano da Vida Consagrada: "A pergunta que somos chamados a pôr neste Ano é se e como nos deixamos, também nós, interpelar pelo Evangelho; se este é verdadeiramente o 'vademécum' para a vida de cada dia e para as opções que somos chamados a fazer. [...] O papa pede-nos três coisas bem específicas: a primeira é a leitura e o estudo da Palavra, que '"permanecem de extrema importância; a segunda é meditá-la, e pede-nos que o façamos todos os dias; e a terceira, Jesus pede-nos para pô-lo em prática, para viver as suas palavras'".

Para o papa, resta claro que os Evangelhos são a fonte da identidade e da missão cristã. Neles nos encontramos com

---

[295] Encontro com o Clero, os Consagrados e os Membros dos Conselhos Pastorais, 4 de outubro de 2013.

Jesus vivo, ele continua a falar-nos neles, apresenta-se-nos como caminho e como vida, ou seja, que a vida nos é dada no seguimento. Ele não está aqui, mas podemos encontrá-lo lendo os santos Evangelhos como discípulos, com o mesmo espírito com que foram escritos. Isso nos recorda Francisco com muita frequência. Demais, como fruto de sua contemplação assídua, cita-os com grande profusão.

Também a vida de Jesus, lida nos Evangelhos, é a luz para interpretar os sinais dos tempos: "A vossa tarefa consiste em acolher e expressar as expectativas, os desejos, as alegrias e os dramas do nosso tempo, e em oferecer os elementos para uma leitura da realidade à luz do Evangelho. Hoje, as grandes interrogações espirituais estão mais vivas do que nunca, mas é necessário que alguém as interprete e compreenda".[296]

No final deste percurso, que apenas recolhe gestos do Papa Francisco e uma parte de suas palavras, a dos discursos, e não todos, mas apenas os das terceiras partes, creio que fica claro que não somente transmite os temas básicos do Concílio Vaticano II, mas, antes de tudo e ainda mais, seu espírito. Por isso, interpela profundamente, mas, mesmo assim, produz alegria, porque suas palavras e sua vida são Evangelho, expressão atualizada do Evangelho de Nosso Senhor Jesus Cristo, e não a expressão iconizada de uma figura sacral, mas, a partir de sua humanidade concreta, a humanidade de alguém entres tantas outras pessoas, e, ainda mais, como não se cansa de repetir, de um pecador que se sente perdoado, reabilitado e enviado por Jesus de Nazaré. Assim nos sentimos também nós.

---

[296] Aos membros da Comunidade da revista *La Civiltà Cattolica*, 14 de junho de 2013.